LOTHAR SEIWERT

Don't hurry, be happy

In 5 Schritten zum Lebenskünstler

Inhalt

Über die Kunst, faul zu sein

In fünf Schritten zum Lebenskünstler

Don't hurry, be happy   8

Das Faultier und der Bumerang 9
Faulheit ist Freiheit 11
Faul oder nicht faul … 14
Das Arbeitstier Mensch 16
Faulheit und die Lebensbereiche 21
Reportage: »Ätsch – wir sind faul,
und keiner schimpft« 22

1. Schritt: Verschwende keine Energie   30

Schonen Sie Ihr Energiekonto 30
Der Stoffwechsel braucht Pausen 32
Das faule Herz schlägt länger 33
Die Muße und der Biorhythmus 36
Das Hirn hat ein Recht auf Faulheit 40
Die Nische im Job … 43
Smart Work statt Hard Work 44
Faultier-Strategie:
Das Energiespar-Programm 48

2. Schritt: Fokussiere das Wesentliche   50

Der innere Leitstern 51
Interview: Arbeit ist die Religion
des modernen Menschen 54
Bauen Sie Rituale in Ihr Leben ein 56
Die Formel der cleveren Faulen:
Pareto-Prinzip 61
Faultier-Strategie:
Das Wichtig-ist-richtig-Programm 62

3. Schritt: Vereinfache das Leben 64

Smart Living: Weg mit dem Ballast 65
Zeitfresser Zeitung 68
Ergreifen Sie Ihren Lebensraum 70
Ent-lasten Sie Ihren Körper 72
Ent-spannen Sie die Muskeln 73
Ent-lasten Sie das Gehirn 75
Entrümpeln Sie den Schreibtisch 76
Entschlacken durch Delegieren 78
So »entmüllen« Sie Ihre Seele 79
Faultier-Strategie:
Das Entlastungs-Programm 82

4. Schritt: Entdecke das Prinzip Zeitlupe 84

Leben im Mußeland 85
Wenn du es eilig hast, gehe langsam 87
Die Slobbies kommen 90
Machen Sie mal Uhrlaub 93
Meditation: Zeitlos leben 95
Faultier-Strategie: Das »Dont hurry,
be happy«-Programm 98

5. Schritt: Lerne die Kunst, rumzuhängen 100

Ein Plädoyer für Teilzeitarbeit 101
Machen Sie einen Break 102
Faultier-Strategie: Kein Stress im Urlaub 106
Wen die Muße küsst, der 108
So haben Sie den Stress im Griff 113
Prinzip Zzzzz 115
20 Gebote für göttlichen Schlaf 118
Leben Sie im Fluss der Zeit 121

Zum Nachschlagen

Lottas Lieblings-Websites 122
Bücher, die weiterhelfen 124
Sachregister 126

EIN WORT ZUVOR

Faultiere haben mehr vom Leben

Die Idee zu diesem Buch kam mir durch ein Foto im Magazin »Max«. Dort war ein Geschöpf abgebildet, das ich, wie ich zugeben muss, noch nie gesehen hatte. Sicher wusste ich, dass es Faultiere gibt. Aber wie die aussehen – und was die tun ... »Die wirklich wichtigen Dinge zählt das Faultier an seinen drei Krallenfingern ab: schlafen, fressen, wieder schlafen«, schreibt Benno Stieber neben das Foto eines freundlich und ziemlich zufrieden aussehenden Lebewesens. »Hängt sich einfach in den Baum und wartet, dass ihm die Blätter ins Maul wachsen. ›Geistlose, schwache Kreatur‹, schimpfen Workaholics wie der Akkordschreiber Goethe. Aber was ist denn so geistlos daran, das Leben auf das Wesentliche zu reduzieren, statt der eigenen Unsterblichkeit hinterherzuhechten?«

Das Wesentliche im Leben

Genau: Das Faultier konzentriert sich auf das Wesentliche im Leben. Er ist der Müßiggänger par excellence. Und das tut der kluge, mitunter faule Mensch auch. Sinn des Lebens ist nicht Emsigkeit. Sie steht nur für Quantität. Lebensqualität erwächst aus der Konzentration auf das Wesentliche. Und die Quelle, die wir täglich anzapfen sollten, heißt Faulheit. Die Zeit frei von Terminen, von Druck, von quälenden Ge-

danken. Zeit, in der wir sinnieren, uns besinnen, im Café hocken, mit Blumen sprechen, Esel streicheln. Die Zeit, in der wir nichts tun oder Dinge tun, die oberflächlich gesehen unproduktiv sind.

Minutenfaulheit und Muße-Einheiten

Geht das überhaupt, in einer Zeit, in der Anpacken gefragt ist? Kräfte bündeln, zugreifen? In einer Zeit, in der Krisen täglich Schlagzeilen schreiben? Einer Zeit, in der Arbeitslosen mitunter Faulheit unterstellt wird? Einer Zeit, in der viele um ihren Job fürchten? Ich sage: Ja, gerade in dieser Zeit brauchen wir Minutenfaulheit, um die hektische Stunde zu meistern. Und wir brauchen Muße-Einheiten, um unser Leben sinnvoll zu finden. Auch dann, wenn uns die Arbeit abhanden kommt. Wir brauchen also Faulheit. Ganz einfach, weil wir in dieser Zeit unsere Batterien aufladen, Sinn finden und dann, so wir wollen, wieder in emsige Geschäftigkeit verfallen können – ohne dass wir ausbrennen.
Nicht umsonst steht es auf der Wunschliste ganz weit oben: Rund 75 Prozent der Deutschen sehnen sich – laut einer Umfrage der DAK – in ihrem Urlaub vor allem nach einem: Sie wollen faul sein. Warum nur im Urlaub? Weil man sich da traut. Trauen Sie sich künftig mehr.

4 Minuten gerade mal dauert die erste Nichtstu-Übung

Faultiere haben mehr vom Leben

Nichtstun muss man lernen

Nur: Sie sind nicht gewohnt, nichts zu tun. Das haben Sie verlernt. Weil Ihnen irgendwann eingebläut wurde: Nichtstun ist unanständig. Wenn Sie also einfach mal nichts tun wollen, funkt Ihr Gehirn dazwischen und sagt: »Brief schreiben an Mutter. Bügeleisen zur Reparatur. Vokabeln lernen mit dem Kind ... Das muss alles noch dringend erledigt werden. Du hast keine Zeit, nichts zu tun!« Die gute Nachricht: Was man verlernt hat, kann man auch wieder lernen. Starten Sie auf Seite 48 mit der Vier-Minuten-Nichtstu-Übung. Und mutieren Sie im Laufe des Buches zum Don't-hurry-be-happy-Experten.

Don't worry ...

Kennen Sie das Lied von Bobby McFerrin: »Don't worry, be happy«? Ich summte diesen fröhlichen Ohrwurm beim Joggen vor mich hin. Und plötzlich kam mir die Idee: Das Buch heißt »Don't hurry, be happy«. Summen Sie mal: Don't hurry, Pause Pause, be happy, Pause Pause ... Allein der Takt erinnert daran, dass das Leben Pausen, Muße-Einheiten braucht. Und wenn Sie sich das Lied anhören, dann fällt Ihnen sicherlich auf, dass hinter diesem so fröhlich anmutenden Ohrwurm ein sehr ernster und zum Nachdenken herausfordernder Text steckt. Alles hat zwei Seiten. Nicht alles zeigt sich auf den ersten Blick.

Das Wesentliche findet nur, wer im Tempoland seine Inseln der Be-Sinnung findet. Das ist die Kunst des Müßiggangs. Am An-

fang ist es noch ein bisschen anstrengend, weil ungewohnt, doch irgendwann wird es ganz leicht. Kommen Sie mit ...

In fünf Schritten zum Lebenskünstler

In fünf Schritten gebe ich Ihnen praktische Anregungen:
➤ wie Sie Zeit für faule Minuten finden,
➤ wie Sie die faulen Minuten wirklich genießen und sinnvoll verbringen können,
➤ wie Sie die natürliche Faulheit Ihres Körpers unterstützen.
➤ Und ich liefere Ihnen genügend faule Ausreden für Ihre Mußestunden – aus dem Tierreich und der Philosophie.

Ich wünsche Ihnen viele genüssliche, wohltuende Mußestunden.

Ihr Lothar Seiwert

Und schauen Sie doch mal in einer Mußestunde hier rein: www.bumerang-prinzip.de

Nur wenige Schritte sind's zum Mußekünstler – genau gesagt

Über die Kunst, faul zu sein

- Nichtstun ist eine göttliche Gabe. Wir tun uns schwer damit. Haben es in unserem Gefängnis namens hektischer Betriebsamkeit verlernt.

- Dabei gibt es viele gute Gründe, öfter mal faultiermäßig ganz entspannt rumzuhängen.

- Faulheit ist Freiheit und braucht Mut, sie sich zu nehmen. Wer die richtige Dosis Faulheit in sein Leben integriert, erntet Kreativität, Zufriedenheit und Glück.

Don't hurry, be happy

Je eiliger wir Menschen es hatten, je mehr wir erreichen wollten, desto weiter haben wir uns von der Natur entfernt. Heute entdecken wir sie als Vorbild wieder. Denn im Grunde müssen wir nichts neu erfinden: Die Natur kennt für alles Lösungen. Sie bringt die beste Medizin hervor, die besten Ökosysteme. Sie zeigt, wie man miteinander mehr erreichen kann. Und dass der Ausgleich der Extreme, die Balance eines der wichtigsten Überlebensprinzipien ist.

Das Faultier ist das Wesen, das uns am besten vorführt, wie wir etwas wieder entdecken können, was viele von uns verlernt haben: die Kunst des Müßiggangs, des Nichtstuns. Es scheint, als hätte es nur einen einzigen Gedanken: »Don't hurry, be happy.« Und es lehrt uns in fünf Schritten den Weg zum Lebenskünstler:

- **1. Schritt:** Verschwende keine Energie
- **2. Schritt:** Fokussiere das Wesentliche
- **3. Schritt:** Vereinfache das Leben
- **4. Schritt:** Entdecke das Prinzip Zeitlupe
- **5. Schritt:** Lerne die Kunst, rumzuhängen

Minuten und 19 Sekunden braucht das Licht durchschnittlich von der Sonne zur Erde

Don't hurry, be happy

Das Faultier und der Bumerang

Über das »Bumerang-Prinzip« habe ich schon ein ganzes Buch geschrieben: *Mehr Zeit fürs Glück*. Im vorliegenden zweiten Buch zum Thema geht's speziell um den Faultier-Aspekt des Bumerang-Prinzips.

Weil es keine Zufälle gibt, haben Faultier und Bumerang nicht nur einen symbolischen, sondern einen ganz realen Berührungspunkt. Zugegeben nicht gerade einen freundlichen: Mit dem Bumerang pflückten Indios in Mittel- und Südamerika das Faultier vom Baum, um aus seinem Kopf einen Schrumpfkopf zu machen für Heilungs- und Fruchtbarkeitsrituale (Seite 25). Der Anknüpfungspunkt in diesem Buch soll eher ein anderer sein.

Der Bumerang steht für ...

■ **Balance im Leben:** Bist du nicht in Balance oder zu einseitig fokussiert, kippt alles in eine Richtung, und du stürzt ab. Und da die meisten von uns zu einseitig fokussiert sind auf Arbeit, Leistung, materiellen Wohlstand, tut uns ein bisschen Faultier-Mentalität nur gut.

■ **Polarität:** Alles im Leben hat zwei Seiten. Jede Seite ist eng mit ihrer Gegenseite verbunden. Darum gilt:
Wenn du es eilig hast, gehe langsam. Und wenn du aktiv sein willst, musst du auch mal faul sein.

Mehr zum Bumerang finden Sie im Internet: *www.bumerang-prinzip.de*

TIPP von Lotta

Lottas Lieblingsgedicht

Lob der Faulheit
Faulheit, endlich muss ich dir
Auch ein kleines Loblied bringen!
O! ... Wie ... sauer ... wird es mir
Dich nach Würde zu besingen!
Doch ich will mein Bestes tun:
Nach der Arbeit ist gut ruhn.
Höchstes Gut, wer dich nur hat,
Dessen ungestörtes Leben ...
Ach! ... ich gähn! ... ich ... werde matt.
Nun. So magst du mir's vergeben,
Dass ich dich nicht singen kann:
Du hinderst mich ja dran.

Gotthold Ephraim Lessing (1729–1781)

Das Faultier ...

... ist schlicht und einfach provokative Opposition im Pelz: Im Dschungel des Überlebenskampfes trotzt der Künstler des Müßiggangs den Ideologen der Leistungsgesellschaft.

In Zeiten, in welchen sich der Mensch, um sich zu entspannen, an Maschinen hängt, baumelt der Nichtsnutz lebenslänglich relaxend am Ast. Davon kann man nur lernen. Warum nicht von Lotta?

ÜBER DIE KUNST, FAUL ZU SEIN

Wer ist Lotta?

Lotta ist ein Faultier im Münchner Tierpark Hellabrunn. Da man Bücher, ohne den Sachverhalt zu studieren, schlecht schreiben kann, begab ich mich in den deutschen Zoos auf die Suche nach einem Faultier. Im Münchner Faultiergehege fand ich Lotta, ein Zweifingerfaultier aus dem Urwald Costa Ricas. Ihre Krallen sind wie ein Bumerang gebogen. Sie mümmelt Bohnen, Bananen und Reis. Verpennt 60 Prozent ihrer Zeit. Lässt die Seele baumeln – und erinnert die Besucher daran, dass es mehr im Leben gibt als hektische Betriebsamkeit. Weil mir das so gut gefiel, habe ich die Patenschaft für sie übernommen.

Lotta steht für ...

■ **Energiebalance:** Das Faultier verbraucht kaum Energie, weil es einfach wenig hat. Und wird dabei ziemlich alt. Wie auch Sie mit Ihrer Energie haushalten und so Ihr Leben verlängern können, steht ab Seite 30.

■ **Zeit für das Wesentliche:** Das Faultier nimmt sich 48 Stunden Zeit für den Liebesakt. Wie viel Zeit stecken Sie in das Wesentliche, das wirklich Wichtige im Leben? Mehr auf Seite 50.

■ **Simplify your life:** Das Glück braucht nicht viel. Weniger ist mehr. Mehr Zeit für Muße. Anleitung auf Seite 64.

■ **das Prinzip Zeitlupe:** Der Champion der Langsamkeit tut alles, einfach alles im Zeitlupentempo. Kann man lernen. Wie, das steht auf Seite 84.

■ **die Kunst, genüsslich rumzuhängen:** Können Sie nicht. Sonst hätten Sie dieses Buch nicht in der Hand. Ab Seite 100 finden Sie Anregungen.

■ **das Prinzip Zzzzzzzz ...** Faultiere verschlafen mehr als die Hälfte ihres Lebens. Werden Sie nachts zum perfekten Faultier: ab Seite 115.

■ **don't hurry, be happy ...**

Übrigens: Tipps von Lotta begleiten Sie durch dieses Buch.

Das Faultier – ein Vorbild? Warum nicht? Wer den Mut zur Muße hat, zählt heute zur Spezies »Held«.

Faulheit ist Freiheit

Wir richten uns ein in einem Gefängnis der Termine und Pflichten. Der Job strukturiert den Tag, die Woche, das Jahr. Und obwohl wir mehr Freizeit haben denn je, kennen wir *Frei*-Zeit nicht. Wir kennen Arbeitsmoral. Das kennt die Natur nicht. Arbeitsmoral ist ein Zwang, den der Mensch geschaffen hat, an den sich die meisten gewöhnt haben. Neben Erwerbstätigkeit gibt es das eigentliche Leben, und das kommt zu kurz. Freizeit – die von der Arbeit freie Zeit – wird zur Aktivzeit. Die Zeit frei von Aktivitäten, frei von Verpflichtungen existiert nicht mehr. Der Aktenkoffer kommt mit in den Feierabend, für die Fitness macht man einen Termin genauso wie für die Seele, für die Sinne, für das Glück. Das Wochenende ist bis zur letzten Stunde verplant. Die Urlaubszeit vertreibt das gebuchte Abenteuer oder der Animateur.

Die Folgen: Uns ist alles zu viel. Machen Körper und Seele nicht mit, erkranken wir am Burn-out-Syndrom, der totalen Erschöpfung, oder an Hurry-Sickness, der Hetzkrankheit, Endstation: Herzinfarkt.

Das Gefängnis: organisierte Betriebsamkeit

Unser Gefängnis heißt »organisierte Betriebsamkeit« und der Wärter: Leistungsdenken. Was denkt der Partner, der Nachbar, der Kollege, der Chef? Was liegt auf dem Konto? Und darauf bauen viele ihr Selbstwertgefühl. Emsig wie die Ameisen sind wir damit beschäftigt, die Dinge richtig zu tun, statt die richtigen Dinge zu tun – oder zu lassen. Schließlich haben wir es als Kind schon gelernt: »Häng nicht rum, gammel nicht, sei nicht so faul. Beschäftige dich.« Und irgendwann – das ist mit Drogen so – wird die Beschäftigung zur Sucht. Die Sinne verlangen: Konsum, Konsum, Konsum. Und Entzug schürt Angst.

Kleine Fluchten

Wir haben Angst, allein zu sein – mit uns, mit der Stille, mit unseren Gedanken. Wir haben Angst, anders als die anderen zu sein. Nämlich ohne Beschäftigung. Wenn unser Gefängnis »Beschäftigung in Form organisierter Betriebsamkeit« heißt, was ist dann Freiheit? Ganz einfach: Faulheit. Der Termin ohne Ziel nur mit sich. Und dieser kann überall stattfinden: Im Café – Menschen beobachten, Espresso und Croissant schnuppern, Schwätzchen halten. Oder »Sitting on the dock of the bay, wasting time, watching the tide …« (Otis Redding) – auf der Kaimauer sitzen, Zeit vertrödeln, die Gezeiten beobachten. Auf der Couch, über den »kleinen Prinzen« sinnierend. Im Garten, mit den Rosen sprechend. Im Büro die halbe Stunde Siesta, das »Bitte nicht stören«-Schild an der Tür. Im Zoo, Faultiere beobachtend.

David Kundtz, amerikanischer Autor und Meditationslehrer, hat gesagt: »Nichtstun

Mozart hatte seine ersten Sinfonien schon geschrieben mit

ÜBER DIE KUNST, FAUL ZU SEIN

bedeutet in der Tat, etwas sehr Wichtiges zu machen. Es gestattet dem Leben, sich zu ereignen – Ihrem Leben. Nichtstun ist etwas wirklich Grundsätzliches.«

Haben Sie Mut zur Muße?

Sich Freiheit zu nehmen braucht Mut. Denn es heißt, anders als andere zu sein. Einfach faul. Nicht immer, aber immer öfter. Und das kann man ruhig zeigen, denn im Grunde faulenzen viele Menschen gern. Sie trauen sich nur nicht, es zuzugeben.

Wenn nicht jetzt, wann dann?

Eine Stunde Nichtstun

➤ Setzen Sie sich an einen ruhigen gemütlichen Ort. Im Halbschatten unter einen Baum. Nehmen Sie ein Blatt Papier und schreiben Sie auf, wie eine Stunde aussehen könnte, in der Sie nichts tun. Einfach gar nichts. Und dann denken Sie ein bisschen darüber nach, was Ihnen entgangen sein wird. Sie werden feststellen: Sie haben nichts tuend nichts versäumt. Und wenn Sie diese Stunde dann wirklich nichts tun, dann haben Sie viel gelernt. Den ersten Schritt in Richtung Müßiggang, ins Glück.

Tun so, als seien sie nimmermüde Aktivisten, weil das in der hyperaktiven Tempogesellschaft »in« ist. Nun: Wenn mehr und mehr Menschen auf Müßiggang schalten, sich als Zeit-Faulpelz outen, dann ist es irgendwann so weit, und das Faultier ist nicht mehr die einzige Spezies, die behaupten kann: »Ätsch, wir sind faul – und keiner schimpft.« Mehr über dieses sympathische Wesen lesen Sie ab Seite 22.

Zugegeben – leicht ist es nicht

Sie können nicht einfach beschließen: Jetzt bin ich faul. Können die wenigsten. Ruhe, Entspannung tritt nicht von selbst ein. Denn Sorgen, Ängste, berufliche Probleme kann man nicht einfach wegstecken. Der Stress lässt einen nicht so einfach los. Nagende Gedanken lösen sich nicht einfach in Luft auf. Oft muss man erst wieder lernen, sich bewusst zu entspannen. Die kleinen Termine mit sich selbst, die Pausen in den Tagesablauf zu integrieren, auch in die Woche, in das Jahr und in das Leben. Von der Minutenmeditation (Seite 85) bis zur Entdeckung neuer Kontinente (Seite 102) finden Sie in diesem Buch Inseln der Entspannung, Phasen des Nichtstuns, die Ihnen dabei helfen, Kräfte zu schonen, Stress abzubauen und wertvolle Augenblicke auf Ihrem Lebenszeitkonto zu vermehren.

Das sagen Loriot und ein Zen-Meister

»Frauenstimme aus der Küche Richtung Wohnzimmer: ›Was tust du gerade?‹ Antwort: ›Ich sitze.‹ – ›Schaust du gerade Fernsehen?‹ – ›Nein, ich sitze.‹ – ›Liest du gera-

Don't hurry, be happy

de ein Buch?‹ – ›Nein, ich sitze.‹ – ›Willst du nicht mit dem Hund rausgehen?‹ – ›Nein, ich möchte hier sitzen.‹ ...« So und noch viel länger geht der von Loriot erfundene Dialog über die unglaubliche und für viele unverständliche Tätigkeit des Nichtstuns. Wollen wir sie Faulheit nennen. Was ist schlimm am Nichtstun? Nichts. Denn gibt es keine Aktivität, heißt das noch lange nicht, dass sich nichts verändert.

Nichtstun kann ein Vorlauf, ein Sich-Sammeln für sinnvolle Tätigkeiten sein. Der buddhistische Zen-Meister Thich Nhat Hanh gibt folgenden Rat: »Statt zu sagen: ›Sitz nicht einfach nur da; tu irgend etwas‹, sollten wir das Gegenteil fordern: ›Tu nicht einfach irgend etwas; sitz nur da.‹«

Wie tun andere Länder nichts?

In den USA gilt Nichtstun als Verschwendung und Leere. Darum wird auch die Freizeit verplant, und die Menschen erkranken an Hurry-Sickness, der Hetzkrankheit. In Kulturen wie Nepal und Indien sind Tätigsein und Nichtstun nicht so weit voneinander entfernt. Dort trifft man sich mit Freunden, sitzt einfach nur da und schweigt – ohne die Untätigkeit und Stille als bedrückend zu empfinden. Bis sich vielleicht eine spontane Unterhaltung entfacht. Und man wieder schweigt. Im Buddhismus und Hinduismus strebt man das (göttliche) Nichts als höchste Existenzform an: das Nirwana, die völlige Zeit- und Bedürfnislosigkeit. In Japan wird das Nichtstun als etwas Wertvolles betrachtet, als eine produktive und kreative Kraft. In

So beugt man schon morgens der Hetzkrankheit vor: Frühstück mit Zeit genießen.

seinem Buch »Eine Landkarte der Zeit« beschreibt der amerikanische Psychologe Robert Levine das Konzept des *ma*, den Zwischenraum zwischen Gegenständen oder Aktivitäten. In Japan ist der Raum zwischen Stuhl und Tisch »Voll von Nichts« – für uns ist er nur leer. »Für Japaner ist das, was nicht geschieht, oft wichtiger als das, was geschieht. ... Wenn man zum Beispiel die Bedeutung eines Gesprächs in Japan voll erfassen will, muss man auch aufmerksam verfolgen, was nicht gesagt wird.« So heißt eine Pause vor dem Ja: Nein.

Ein Kaninchen wird maximal   **13**

ÜBER DIE KUNST, FAUL ZU SEIN

Faul oder nicht faul …

Trägheit ist anders

Warum findet man in Lexika für Faulheit keine Definition? Weil Faulheit das ist, als was man sie definiert. Für die einen ist sie eine Todsünde. Trägheit, Arbeitsscheu, Passivität, Phlegma, Bequemlichkeit. Für die anderen Humus des Geistes. Müßiggang. Für mich: göttlich.

Faulheit ist eine Weltanschauung. Sie hat nichts mit Trägheit zu tun. Trägheit steckt in den Genen und bremst uns im Leben – egal ob als volle Fettzelle, als müde Gehirnzelle, als Unlust.

Faulheit ist göttlich

Faulheit ist ein Zustand der Harmonie, der Zufriedenheit mit dem Augenblick. Faulheit ist eine göttliche Erfindung, von Dichtern besungen. Faulheit, auch Muße oder Müßiggang genannt (laut Lexikon »tätiges Nichtstun«), ist das Polster der Kreativität. Denn nicht Fleiß, emsiges Treiben, sondern pure Besinnung gebiert Kunst und Genie. Nicht etwa angestrengtes Nachdenken, sondern Entspannen in der Wanne ließ Archimedes das Prinzip vom statischen Auftrieb entdecken. In der Faulheit liegt kreatives Potenzial, das zu nutzen wir allerdings verlernt haben. Die Vita activa der Geschäftigen unterdrückt in der modernen Industriegesellschaft die Vita contemplativa der Lebenskünstler.

… zum Nachdenken

Die Muße und die Lebenslust

Den Griechen ist die Muße unendlich kostbar. Sie ist der Ort für das Erlebnis von Glück, Heil und Sinn des Lebens schlechthin. … Die Muße ist zwecklos, aber höchst sinnvoll verbrachte Zeit. Es ist die Zeit, in der wir wir selbst sein können, wo wir keine Rolle spielen müssen, nichts Produktives herstellen müssen und die unwiederholbare Zeit unseres Lebens intensiv erleben können. … Muße ist keine einfach nur passive Zeit. Vielmehr sind alle Sinne wach und gelassen, aufnahmebereit für das Schöne der Welt. Die Gedanken schweifen erfinderisch, aber lustvoll ziellos dahin. … Solche Mußezeit hat gewiss auch Ergebnisse, aber absichtslose und dadurch vielleicht kreativere. Muße ist die Zeit von Erkenntnis ohne Interesse. In solchen Momenten kann es geschehen, so sagten die Alten, dass das Göttliche den Menschen berührt. Und vor nichts und niemandem muss man sich dafür rechtfertigen, wie man diese Zeit verbracht hat.

Aus »Lebenslust« von dem Theologen, Psychologen und Arzt Manfred Lütz

Müßiggang – die gelassene Gangart im Stress

Müßiggang – früher nur einer Oberschicht möglich – könnte heute in alle Schichten einziehen. Wäre da nicht der Druck der

Don't hurry, be happy

Gesellschaft, die Faulheit als einen Makel definiert. Faulsein ist moralisch verwerflich und ökonomisch gefährlich. Wenn das jeder täte ... Müßiggang ist aller Laster Anfang? Nein, er ist die Bewegung direkt ins Glück.

Wir brauchen eine Kultur des Müßiggangs. Denn Faulheit ist die Kunst, die Hamster der Leistungsgesellschaft mit einem Schmunzeln zu beobachten. Während die Fleißigen sich im Hamsterrad drehen, immer schneller, immer schneller, die Zeit verjagen, Lebenszeit verschenken, schafft sich der, der zur Faulheit fähig ist, eine Nische in der Daseinshektik *(survival of the laziest)*. Und damit eine größere Überlebenschance – ohne Herzinfarkt.

Faulheit ist Medizin

Frönen Sie dem Müßiggang. Da Faulheit ansteckend ist (gähnen Sie gleich mal – und beobachten Sie dabei die anderen), tun Sie etwas für die Allgemeinheit. Für das Überleben unserer Spezies, die sonst durch die Volkskrankheit Nr. 1 dezimiert wird. Die Weltgesundheitsorganisation WHO nennt sie kurz und bündig: Stress. Faulheit ist Medizin – ohne gravierende Nebenwirkungen. Schon Cicero hat gesagt: »Nihil agere delectat.« Nichtstun ist angenehm.

Faul sein, was passiert im Körper?

Vom Nichtstun profitiert das ganze System Mensch – jede einzelne Körperzelle:
- Das sympathische Nervensystem schaltet um auf das parasympathische, von turboaktiv auf baldrianzufrieden.
- Der Puls sinkt.
- Die Atmung wird tiefer.
- Der Blutdruck normalisiert sich.
- Weniger Lebensenergie wird verprasst.
- Das Immunsystem tankt Kraft.
- Die Stresshormone werden abgebaut.
- Die Gedanken fließen entspannt.
- Muskelverspannungen und auch Stressblockaden im Gehirn lösen sich.
- Der Muskel wächst nach Anspannung, sobald er entspannt.
- Die Körperzellen werden repariert, ja, der ganze Körper verjüngt.

Warum leben Südländer länger als wir? Olivenöl und Müßiggang beim Spiel schützen das Herz.

Als man die Raumstation Mir 2001 im Pazifik versenkte, hatte sie so viele Jahre die Erde umkreist: 15

GASTKOMMENTAR

Das Arbeitstier Mensch

Ein Plädoyer an die Faulheit von Werner Tiki Küstenmacher, gelernter evangelischer Pfarrer, Cartoonist und Chefredakteur von »simplify your life«.

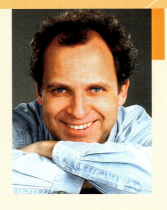

Werner Tiki Küstenmacher ist Chefredakteur von »simplify your life«, dem weltweit einzigartigen Beratungsdienst zur Vereinfachung des Lebens: www.simplify.de

»Geh hin zur Ameise, sieh an ihr Tun, und lerne von ihr!« So steht es in der Bibel, im Buch der Sprüche, als Aufruf an die Faulen. Und wir haben das befolgt, haben zugesehen, wie die Ameisen unermüdlich ihre riesigen Hügel errichten, wie Vögel pausenlos Nester bauen und Bienen ununterbrochen Nektar sammeln. Wie bei allen vermeintlich selbstverständlichen Beobachtungen lohnt es sich, genauer hinzusehen. Denn die Biologen belehren uns eines Besseren.

»Tiere sind entsetzlich faul«, so fasst der Biologe Adrian Forsyth seine Forschungen zusammen. Viele seiner Studenten gaben die Verhaltensforschung auf, weil sie dabei monatelang dösende Tiere anstarren müssen.

Es sind längst nicht nur die sprichwörtlich berühmten Faultiere, die zu den eher bewegungsarmen Arten gezählt werden müssen. Ja, Pflanzenfresser wie die Faultiere sind sogar noch vergleichsweise fleißig, da sie den halben Tag mit Nahrungsaufnahme verbringen, auch wenn sie das am liebsten liegend oder herumhängend absolvieren.

Löwen liegen 22 von 24 Stunden herum, genau wie Geparde, die ihre Jagdspurts (mit denen sie den tierischen Geschwindigkeitsweltrekord halten) selten länger als 3 Minuten durchstehen. Selbst Bienen verbringen nur 30 Prozent des Tages mit Arbeit. Und sogar die Ameisen schuften zwar recht hart, aber über drei Viertel ihrer Lebenszeit, 78 Prozent, ruhen sie sich aus.

Der Mensch ist das einzige Arbeitstier, das die Evolution bisher hervorgebracht hat. Er verbringt im Durchschnitt zwei- bis viermal so viel Zeit mit Arbeit wie die Tiere.

Wenn man das weiß, dann bekommt der Satz aus dem Buch der Sprüche eine neue Weisheit, die sehr gut in unsere hektische Zeit passt. Dann könnte man ihn sogar leicht abwandeln: »Geh hin zum Faultier, sieh an sein Tun, und lerne von ihm!«

16 Stunden Schlaf braucht ein echtes Faultier täglich – mindestens

Don't hurry, be happy

Lafargue und die Arbeitssucht ...

»O Faulheit, erbarme du dich des unendlichen Elends! O Faulheit, Mutter der Künste und der edlen Tugenden, sei du der Balsam für die Schmerzen der Menschheit!«
1883 schrieb Paul Lafargue dies in seiner politischen Streitschrift »Le droit à la paresse« (Das Recht auf Faulheit), mit der er Karl Marx' »Das Recht auf Arbeit« (1848) widerlegt.
Paul Lafargue war der Schwiegersohn von Karl Marx und Vorkämpfer des Marxismus in der französischen Arbeiterbewegung. Schon der erste, provokative Satz zeigt, dass Lafargue auch in Zeiten der Globalisierung, der New Economy, der Arbeitslosigkeit, der Überproduktion zur Diskussion anregt: »Eine seltsame Sucht beherrscht die Arbeiterklasse aller Länder, in denen die kapitalistische Zivilisation herrscht, eine Sucht, die das in der modernen Gesellschaft herrschende Einzel- und Massenelend zur Folge hat. Es ist dies die Liebe zur Arbeit, die rasende, bis zur Erschöpfung der Individuen und ihrer Nachkommenschaft gehende Arbeitssucht.«

Arbeitssucht? Kennen wir doch

Eine Vokabel, die heute oft für Schlagzeilen sorgt. Neudeutsch: Workaholism. Die Sucht nach Arbeit rund um die Uhr – bis ins Wochenende hinein. Aber wie zu Zeiten Lafargues arbeiten wir nicht immer aus Liebe zur Arbeit, aus Lust auf »Flow«, dem Einssein mit und dem völligen Aufgehen in der Tätigkeit. Sondern weil man muss. Damals war es Hunger, der die Menschen bis zur Erschöpfung arbeiten ließ. Heute ist es die Angst vor Jobverlust, Prestigeverlust ...
Fest steht: Es müssen immer mehr Menschen immer mehr arbeiten, während die Zahl der Arbeitslosen steigt. Angst vor Arbeitsplatzverlust, Zeitdruck und hohe Verantwortung machen Körper und Seele krank. Die Folgen: 8 Millionen Deutsche leiden unter Migräne, 3 Millionen unter dem Burn-out-Syndrom, der völligen Er-

---

TIPP von Lotta

Zurücklehnen und zugucken

➤ Schauen Sie einfach mal zu, wie andere arbeiten. Beobachten Sie eine Stunde lang einen Ameisenhaufen. Oder, wenn Sie in der Stadt leben, wo Ameisenhaufen rar sind, dann schauen Sie sich eine Baustelle an. Gucken Sie, wie die anderen schuften, machen Sie in Gedanken keine Verbesserungsvorschläge, sondern nehmen Sie sich ganz zurück – und schauen Sie. Seien Sie einmal Teil eines Arbeitsprozesses, ohne produktiv zu sein. Das schult den Geist, entspannt den Körper. Probieren Sie es aus.

So alt wird ein Haarwurm (in Jahren):

ÜBER DIE KUNST, FAUL ZU SEIN

schöpfung. Jeder Zehnte wird von Panik-attacken heimgesucht, jeder Dritte hat Rückenschmerzen.

Die Weltgesundheitsorganisation (WHO) erklärte Stress zu einer der größten Ge-sundheitsgefahren des 21. Jahrhunderts.

70 Prozent aller Krankheiten sind stressbe-dingt. Mehr als 50 Milliarden Euro büßt die deutsche Wirtschaft jährlich durch stressbedingte Krankheiten ein.

Ach wären wir doch ein wenig müßiger

Weniger arbeiten, mehr faul sein, hieße die Lösung von Lafargue. Er schlägt fünf bis sechs Stunden täglich als Arbeitspensum vor, das reiche der Natur des Menschen, und alle hätten Arbeit. Dann würde auch nicht mehr zu viel produziert – und es gäbe kein Mobbing (damals natürlich noch nicht so genannt): »Wenn ihnen ihr täg-licher Arbeitsanteil gesichert ist, werden die Arbeiter nicht mehr miteinander eifer-süchteln, sich nicht mehr die Arbeit aus der Hand und das Brot vom Mund wegrei-ßen, dann werden sie, nicht mehr an Leib und Leben erschöpft, anfangen, die Tugen-den der Faulheit zu üben.«

Witz von Lotta: Wie faul ist faul?

»Ein Mercedes-Fahrer hält am Straßenrand und fragt einen Burschen, der strohhalm-kauend in der Wiese liegt, nach dem Weg. Der Junge hebt den Fuß und zeigt nach Sü-den. Der Fahrer sagt: ›Wenn Sie noch so eine faule Antwort haben, zahle ich Ihnen 20 Euro.‹ Der Junge sagt: ›Stecken Sie den Schein in meine Tasche.‹ «

Typologie des Faultiers

Typ I: Wenn Faulheit stinkt

Nun gibt es natürlich Menschen, die eilen durchs Leben und sind dabei immer faul. Faul auf Kosten anderer. Sie kommen im-mer eine Sekunde zu spät mit ihrem Ange-bot, den Brief abzutippen, den Tisch abzu-decken, den Part im Job zu übernehmen. Sie lassen die anderen einfach einen winzi-gen Takt schneller sein. Der winzige Takt reicht, um ihre Unlust zu kaschieren. Nicht selten haben sie einen vollen Terminkalen-der, laufen mit einem dicken Stapel Papier durch die Gänge. Beweise ihrer vermeint-lichen Wichtigkeit. Leistungsmaß ist für sie die verbrachte Zeit. Blickt man hinter die Fassade, wird die Zeit träge abgehockt. Möglich, weil die anderen schuften. Diese Form der Faulheit hat nichts mit Nichtstun und Müßiggang zu tun, die das Leben mit Sinn erfüllt, Beziehungen zum Blühen ver-hilft, dem Körper Lebenszeit schenkt und dem Geist Besinnung und Kreativität.

Typ II: Die Trägheit steckt im Gen

Hans Selye, der Erfinder des Wortes Stress, spricht von zwei Menschentypen: der Schildkröte und dem Rennpferd. Während das Rennpferd ständig in Aktion ist, gar nicht genug tun kann, läuft die Schildkröte auf niedrigeren Drehzahlen. Manche Men-schen, die Schildkröten, sind einfach träge, sie können sich schwer aufraffen, aktiv zu sein, bringen einfach nicht die Energie auf, temperamentvoll die Arbeit anzupacken, fröhlich zuzupacken. Sie sind einfach von

Tage lang säugt die Hausmaus ihre Jungen

Don't hurry, be happy

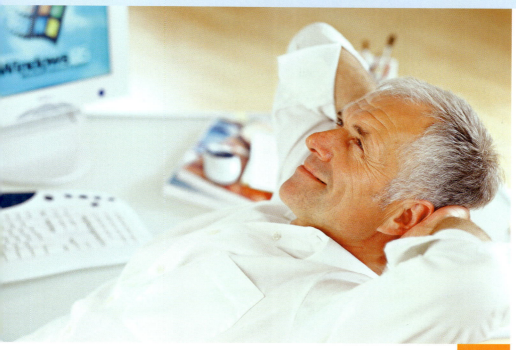

Sieht nach Nichtstun aus, kann aber höchst kreativ sein: faule Minuten im Job.

Geburt an ein bisschen langsamer, ein wenig gemütlicher – deswegen arbeiten sie nicht schlechter. Sie lassen sich halt etwas mehr Zeit.

Gibt's übrigens auch im Tierreich. Studien an der Fruchtfliege zeigen: Es gibt eine genetische Veranlagung zu einer eher herumhockenden Lebensweise oder zu einem bewegungsfreudigen Temperament. Forscher der Universität Glasgow vermuten, auch beim Menschen ein (oder mehrere) Trägheits-Gen(e) ausfindig machen zu können.

Typ III: Der kreative Müßiggänger

Jemand sitzt da, stiert in eine Ecke, kaut an einem Bleistift. Tut nichts. Nippt am Kaffee, läuft ein bisschen im Zimmer herum. Setzt sich hin. Tut nichts. Dann geht er auf ein Schwätzchen ins andere Zimmer. Kommt zurück, legt die Beine hoch. Tut ganz offensichtlich nichts. Unanständig. Provozierend. Die Kollegen tuscheln. Kurz vor Arbeitsschluss ist er 30 Minuten aktiv. Schreibt am Computer. Verlässt pünktlich das Haus. Am nächsten Tag wird er befördert. Warum? Seine Idee hat den Betrieb vor dem Konkurs bewahrt – ausgetüftelt mit den Füßen auf dem Schreibtisch, beim Schwätzen mit Kollegen, im Rahmen der ganz normalen Arbeitszeit. Hinter fehlender Betriebsamkeit läuft manchmal Hirnarbeit. Muss nicht. Kann aber.

Um diese Uhrzeit endet in Bars und Kneipen meist die »Happy Hour«: 19

ÜBER DIE KUNST, FAUL ZU SEIN

Triebfeder Faulheit

Wie kann ich mit möglichst wenig Aufwand möglichst viel erreichen? Die meisten Erfindungen sind ein Produkt menschlicher Faulheit. Einfältige, sich wiederholende, unangenehme Arbeiten möchte man einer Maschine übergeben. Waschen. Abwaschen. Autowaschen. Damit man Zeit gewinnt für Sinnvolleres, für Lustvolleres.

»Geh hin zur Ameise, sieh an ihr Tun …«

Ameisen können um das Zwanzigfache ihres Körpergewichts schleppen. Übertragen auf den Menschen, wären das bei 70 Kilo 1,4 Tonnen. Ein Kleintransporter. Und trotzdem transportieren wir mehr als die Ameisen auf dieser Welt herum. Denn anstelle der Kraft haben wir das Gehirn eingesetzt und uns überlegt: Wie? Wie kann ich mit kleinstmöglichem Einsatz das Größtmögliche leisten. Die Arbeitsleistung einer Ameise bringen. Und warum denken wir das? Weil wir im Grunde faul sind. Und klug. Denn wenn wir dauernd so schuften würden wie eine Ameise, wären wir in kurzer Zeit ausgebrannt. Ohne Energie.

Der Mensch muss faul sein – wie die Ameise (Seite 16). Er muss mit seiner Energie haushalten, sie nicht unnötig verprassen, weil sie begrenzt ist (Seite 30). Und er muss verausgabte Energie wieder auftanken. Wie? Die Tankstelle heißt: Faulheit.

Wir fühlen uns in Balance, wenn alle Lebensbereiche zu ihrem Recht kommen – nicht nur die »Arbeit«. Muße bereichert alle vier.

Fauler Unsinn und der kleine Prinz …

»Guten Tag«, sagte der kleine Prinz. »Guten Tag«, sagte der Händler. Er handelte mit höchst wirksamen, durststillenden Pillen. Man schluckt jede Woche eine und spürt überhaupt kein Bedürfnis mehr zu trinken. »Warum verkaufst du das?« fragte der kleine Prinz. »Das ist eine große Zeitersparnis«, sagte der Händler. »Die Sachverständigen haben Berechnungen angestellt. Man erspart dreiundfünfzig Minuten in der Woche.« »Und was macht man mit diesen dreiundfünfzig Minuten?« »Man kann damit machen, was man will …« »Wenn ich dreiundfünfzig Minuten übrig hätte«, sagte der kleine Prinz, »würde ich ganz gemächlich zu einem Brunnen laufen …« (Antoine de Saint-Exupéry)

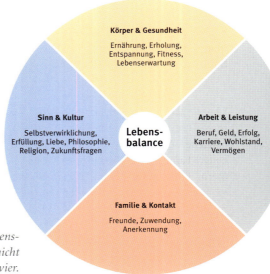

Faulheit und die Lebensbereiche

Der Terminplan ist dazu da, keine Pflicht zu vergessen, zur richtigen Zeit das Dringende zu tun. Glück steht nicht drin. Keine Zeit. Alles muss schnell gehen: Essen, Informieren, Unterhalten, Reisen, Arbeiten. Kein Don't-hurry-be-happy-Termin.

Sicher: erfolgversprechend. Nur, wo bleibt das erfüllte Leben? Da scheitert man. Viele Menschen hetzen von Termin zu Termin, sprinten auf der Karriereleiter nach oben, jetten durchs Leben, häufen Wohlstand an. Irgendwann aber keimt das Gefühl auf: »Das Leben rennt an mir vorbei.« Und dann sehen sie eines Tages in die Augen eines Kindes, das über einen Schmetterling vor Freude in die Hände klatscht. Und plötzlich ist der Designerfernseher, die nächste Aufstiegschance nichts mehr wert.

Man hat endlich kapiert: Das Leben funktioniert zwar irgendwie, aber erfüllt ist es nicht. Kein Wunder: Diesen Menschen fehlt die *Kunst des Life-Leadership*. Der Lebensbereich »Arbeit und Leistung« hat absolute Priorität. Die anderen drei Lebensbereiche »Sinn«, »Körper und Gesundheit«, »Familie und Beziehungen« verkümmern. Der Bauch ist fett, die Seele leer, man steuert auf den Burn-out zu, die totale Erschöpfung, entfremdet sich wortkarg vom Partner und zeitlos vom Freundeskreis. Mancher wacht in der Intensivstation auf. Und weiß erst dann: Nun ist es Zeit, etwas zu ändern.

> ## Wenn nicht jetzt, wann dann?

Muße integrieren

➤ Sind Ihre vier Lebensbereiche in Balance? Nehmen Sie ein Blatt Papier, teilen Sie es in vier Felder und überlegen Sie sich, in welchem der Bereiche Ihnen ein wenig mehr Muße gut tun könnte und in welcher Form sich diese einbauen ließe. Ein Beispiel:

● Mein Körper, meine Gesundheit: Ich lerne endlich eine Entspannungstechnik.

● Meine Familie, meine Kontakte: Ich erkläre den Mittwoch zum Spieleabend.

● Meine Arbeit, meine Leistung: Ich hör künftig nach acht Stunden Arbeit auf.

● Meine Antworten auf die Sinnfrage, meine Kultur: Ich lese künftig täglich 10 Minuten in einem guten Buch.

Life-Leadership: die richtige Dosis Faulheit im Leben

Und zwar in jedem Lebensbereich: im Körperlichen, im Geistigen, im Sozialen und im Produktiven. Eine Portion Entschleunigung, etwas mehr Einfachheit im Leben. Ein wenig Muße für die Seele und ein paar Kilometer Müßiggang gemeinsam mit anderen Menschen – und schon kommt das ganze Leben in Balance. Anleitung dazu finden Sie ab Seite 29.

Der griechische Geograph Strabo nannte den korrekten Erdumfang im Jahr (n. Chr.)

DIE REPORTAGE

»Ätsch – wir sind faul, und keiner schimpft«

Eine Reportage über die ungewöhnlichsten Tiere der Welt.
Von Marion Grillparzer

»Mich interessiert nur eines: Für was ist das Faultier gut – außer für Kopfzerbrechen beim Kreuzworträtsel?« fragt der Chefredakteur von »PM«. Ich füttere den Computer der Staatsbibliothek mit Faultier, er verweigert die Auskunft. Ich tippe in der Zoologensprache: erst Bradypus fürs Dreifingerfaultier, dann Choloepus für die Gattung des zweifingrigen, schließlich dessen volkstümliche Namen Unau und Ai. Tiefes Schweigen. Erst auf den Plural Faultiere spuckt die Elektronik Lesetipps aus. Die europäischen Forscher des 18. Jahrhunderts mochten das Faultier nicht. Der schweinslederne Foliant »Histoire der haarich Thiere« von 1728 rügt: »… selbigs sey so schädlich faul, dass von einem Baum zum andern zween Tage benötigt und füglich den Namen Faultier auf sich nehmen muss«. Der Naturforscher Georges Louis Buffon prophezeite vor gut 200 Jahren, dieses »langsame, blöde« Tier werde aussterben.

Den Gefallen tat der Künstler des Müßiggangs den Ideologen der aufkommenden Leistungsgesellschaft nicht. Es steht nicht mal auf der Liste der bedrohten Arten – noch nicht. Jede Minute verschwinden 41 Hektar seines Lebensraums, des Regenwalds. »Vom Kragenfaultier der Küstenregionen Brasiliens leben nur noch ein paar Exemplare im Poco-das-Autas-Reservat«, warnt Elke Hahn vom World Wide Fund for Nature (WWF).

Szenenwechsel

Anfang Juli 1993 kommen in München ungewöhnliche Reisende an. Ihr Ziel: ein Pinienstamm im Nashornhaus des Tierparks Hellabrunn. Nur sie, die Zweifingerfaultiere, sind zootauglich, erklärt Direktor Henning Wiesner. Sie verschmähen weder Reis noch Bohnen, mümmeln Bananen und weich gekochtes Gemüse, gelegentlich ein Ei. Für ein Dreifingerfaultier müsste man spezielle Bäume pflanzen und spezielle Nahrung besorgen, denn seine Magenbakterien verdauen nur Gewohntes.

Das Weibchen der Neuankömmlinge krabbelt aus der Kiste und gemächlich den Baum hinauf. Erst am Mittag des nächsten Tages klettert der Faultiermann zu ihr. Fest umschlungen sitzen die beiden oben, unzertrennlich und seufzend. In der freien Natur finden sich die Singles nur zum Liebesakt zusammen.

Neun Jahre später steht ein Wesen, das sich die Langsamkeit zum Lebensmotto gemacht

22 *Minuten haben 1 000 Schweizern gereicht, um 4 000 Portionen Raclette zu verdrücken*

Die Faultier-Reportage

hat, am Fuße des Pinienbaumes, um sein Patenkind Lotta zu besuchen. Der Zeitmanager Prof. Lothar Seiwert.

Im Zeitlupentempo durchs Leben

Don't hurry, be happy. Das Ai hangelt sich mit der unglaublichen Geschwindigkeit von 350 Meter pro Stunde von Baum zu Baum. Am Boden bricht der Champion der Langsamkeit seinen eigenen Rekord: Fünf bis sieben Meter tollpatscht er pro Minute, ständig darauf aus, sich mit den Vorderkrallen irgendwo festzuhalten. Am Ufer jedoch streift es den Faulpelz ab und schwimmt, als sei das Wasser sein Element.

Die Frage, warum ein Faultier faul ist, brachte manchen Forschergeist auf Touren. Fazit: Es verbraucht kaum Energie, weil es einfach wenig hat. Der belgische Physiologe Marcel Goffart berichtet in seinem Buch »Function and Form in the Sloth«: »Sein Lebensmotor läuft auf kleinster Flamme. Verglichen mit dem Stoffwechsel gleich großer Tiere, etwa eines Affen oder Hundes, ist der des Dreifingerfaultiers um 51 Prozent herabgesetzt, der des Zweifingers um 31 Prozent. Sein Herz schlägt träge, die Lunge atmet gemächlich. Seine Körpertemperatur von 24 bis 33 Grad richtet sich nach der Umgebung. Da sich das Tier nur in Tropenwärme aufhält, verbraucht es wenig Energie.«

Kein Bodybuilder

Zudem gehört das Faultier nicht zu den Bodybuildern unter den Dschungeltieren. Nur ein Viertel seines Körpergewichts ist Muskelmasse. Gerade genug, um die sechs bis neun Kilogramm Körpergewicht, verteilt auf sechzig Zentimeter Länge, baumeln zu lassen – mit dem Rücken nach unten. Die langen Arme münden in zwei oder drei verwachsene Finger, die Finger in lang gebogene Krallen, die das Faultier wie die Haken eines Kleiderbügels um den Ast hängt. Sein langes Haarkleid hat sich der schlaffen Position angepasst – der Scheitel verläuft nicht längs der Wirbelsäule, wie bei Säugetieren üblich, sondern am Bauch, als Regenrinne.

Mit seinem Mona-Lisa-Lächeln scheint sich das Faultier über Charles Darwin lustig zu machen: Survival of the fittest, dass ich nicht lache! Ganz andere sind ausgestorben, stärkere, schnellere, listigere. Mit Gürteltier und Ameisenbär gehört das Faultier zu den letzten Überlebenden der Nebengelenktiere, die vor 60 Millionen Jahren in Südamerika beheimatet waren. Während der Eiszeit gab es Riesenfaultiere, groß wie Elefanten, das belegen fossile Funde. Vor zehn- bis zwölftausend Jahren, so vermuten Forscher, hielt sich der Mensch das Riesenfaultier als Haustier.

Das Zeitlupenwesen färbt ab

Der Verhaltensforscher Herman Tirler nahm in Brasilien zwei Faultiere in seine Familie auf. Tagsüber, das wusste er, rühren sie kaum einen Finger. Nachts aber, so hieß es, werden sie aktiv. Er setzte dem Männchen eine Plastikschüssel auf den Kopf. Am nächsten Morgen fand er die »Mütze« um keinen Millimeter verrückt. Im »Tagebuch eines Faultiers« erzählt Tirler: »Es riecht nach angebranntem Faultier! Wo ist bloß dieses Unglücksvieh wieder eingeschlafen? Am Kü-

Der Schriftsteller Georg Büchner starb sehr jung mit **23**

ÜBER DIE KUNST, FAUL ZU SEIN

chenherd, auf dem Gasbadeofen? Wahrhaftig, da duselt es auf der großen Glühbirne vor sich hin. Sein Gesäß ist bedenklich angesengt und raucht.« Herman Tirler warnt, wer mit dem Zeitlupenwesen lebe, habe sich das »unvermeidliche Abfärben auf sich und seine Angehörigen selbst zuzuschreiben – mehr faulenzen, mehr schlafen, mehr lächeln!«

»Nichtstun ist angenehm« (Cicero)

Siesta im Stadtpark von Puerto Limón an der Karibikküste Costa Ricas – die Reporterin ist weit gereist auf der Suche nach dem Lebenszweck des Faultiers. Ein Knopfauge öffnet sich im Zeitlupentempo. Der kurzsichtige Blick unter der struppigen Frisur fällt auf einen roten Pfeil, der die Wege entlangzischt – ein Skateboardfahrer. Eine Spaziergängerin rast durchs Bild, Kinder und Hunde fliegen im Zeitraffer vorbei. Benommen wendet das Pelzknäuel den Kopf, stoppt eine kleine Ewigkeit später bei der, die da gerade selig auf einer Bank ausruht. Friedlich vereint dösen sie – unten das Faultier in Jeans und in den Bäumen einige im Pelz.

Unsichtbare Mimose

»Aii, aiiii«, seufzt es aus einem Ymbahuba-Baum. Das Faultier friert. Sobald die Sonne untergeht, wacht die Dschungel-Schlafmütze auf. Dann muss sie sich bewegen, denn sie kann – im Tierreich ungewöhnlich – nicht zittern. Das Faultier kann mehrere Stunden plus 10 bis 15 Grad Celsius nicht überleben. Da es auch höhere Temperaturen nicht verträgt – bei 40 Grad erleidet es einen Hitzeschock –, ist sein Lebensraum auf die tropischen Zonen der Neuen Welt beschränkt, wo die Temperatur kaum schwankt.

Bis zu 700 Müßiggänger hängen pro Quadratkilometer in den Bäumen mittel- und südamerikanischer Regenwälder. Und doch könnte man dort wochenlang herumtappen, ohne einen einzigen zu sehen. Das Faultier hat nun einmal nicht die Gewohnheit, durch übermäßige Bewegung auf sich aufmerksam zu machen. Es schiebt eine dermaßen ruhige Kugel, dass es Schimmel ansetzt – im harten Pelz des Regungslosen siedeln sich ungestört zwei Arten blaugrüner Algen an. Überziehen das träge Bündel mit einem grünlich blauen Pullover, machen es im dichten Blattwerk der oberen Regenwald-Etage, bis 30 Meter hoch, unsichtbar für den Feind.

Neben den Tarnkappen Zeitlupe und Algen-Symbiose gibt es nach Meinung der Evolutionsforscher einen dritten Grund, warum das Faultier überlebt und überlebt. Es frisst genügsam, fristet sein Dasein als lebende Hängematte in einer ökologischen Nische. Aus 90 Baumarten des Regenwalds wählt sich jedes Exemplar einige aus, die seinem Geschmack entsprechen. Damit auch künftige Generationen einander im Urwaldrestaurant nicht ins Gehege kommen, gibt die Mama beim Füttern den Geschmack an ihr Junges weiter. Sie liefert mit den Blättern die spezielle Bakterienkultur ihres Magens.

Es hat auch Feinde

Das Faultier trägt zwar eine Tarnkappe, aber zwei Räuber erspähen die Beute letztlich doch. Der eine windet sich, mit kurzen, breiten Flügeln schlagend, durch die Wipfel, bis

24 *Stunden lediglich überdauert eine Stechapfelblüte*

Die Faultier-Reportage

Das Faultier wirkt ganz zufrieden mit seinem Dasein als lebende Hängematte. Faultierbabys kuscheln ein Jahr lang bei der Mutter, sind ansonsten frech und quicklebendig. Dann starten sie ihr Einzelgängerdasein. Mit drei Jahren sind sie erwachsen – und endlich faul.

er das blaugrüne Knäuel sichtet. Der Haubenadler schlägt seine Fänge hinein und pflückt es vom Baum. Meist erregen jedoch Geräusche seine Aufmerksamkeit. Darum ist eher ein Brüllaffe das Opfer. Der andere Feind nähert sich von unten: Kopfjäger.

Die Seelenkraft der Ahnen
Im dichten Dschungel von Ecuador bohrt ein junger Jibaro-Indio seinen Blick ins Laub des Ymbahuba-Baumes. Seine Hand umklammert den Speer mit Bleikopf. Der Indio braucht eine starke Seele. Er will endlich zum Mann werden. Er braucht dieses Faultier. In seinem Kopf dröhnen die Worte seines Vaters: Wenn du es am Baum tötest, bleibt es hängen. Du musst es mit dem Bumerang herunterschlagen oder den Ast abhacken. Der Junge klettert hoch, haut die Machete ins Holz, wieder und wieder, bis die Fasern reißen und die Last zu Boden kracht. Er schleift das Tier am Ast zur Schlachtbank – zum Fest des Faultierschrumpfkopfes.

Er trägt das erbeutete Faultier ins Dorf, tötet es, trennt den Kopf ab, löst die Haut von den Schädelknochen. Dann wirft er den Hautsack in einen Topf mit Kräutersud, kocht ihn, füllt ihn mit Sand. Der Junge wiederholt diese Prozedur so lange, bis sich die Fleischreste im Inneren des schrumpfenden Hautsacks vollends herauslösen. Acht Stunden Räuchern färben die Haut dunkel. Der Indio poliert sie mit einem heißen Stein und modelliert die Gesichtszüge nach. Endlich spießt er seine Trophäe auf eine Lanze und lässt sich beim Faultierfest in den Kreis der Erwachsenen trinken, trommeln und tanzen.

Bis zur Mitte des letzten Jahrhunderts machten die Jibaros Kopfjagd auf Menschen. Vom Schrumpfkopf geht eine Seelenkraft aus, die sich die Indios bei Heilungs- und Fruchtbarkeitsritualen zunutze machen. Mangelte es

Um sich einmal um sich selbst zu drehen, braucht die Sonne an den Polen 36 Tage, am Äquator

ÜBER DIE KUNST, FAUL ZU SEIN

den Jíbaros an Menschenköpfen, musste das Faultier herhalten. Warum ausgerechnet das träge Bündel? Der Sozialwissenschaftler und Ethnologe Claude Lévi-Strauss erklärt in seinem Buch »Die eifersüchtige Töpferin« so: Die Jíbaros glauben, sie stammen vom Faultier ab, »sie sahen im Faultier einen Ahnherrn, der sich zäh ans Leben klammert«.

Das Urpaar, sozusagen Adam und Eva der Indios, waren Unushi, das Faultier, und Mika, die Ton-Urne, wobei sie – die Frau – als Symbol für gute Arbeit steht. Das sei wohl der Grund, schreibt Claude Lévi-Strauss, warum die schwersten Arbeiten heute noch den Frauen zufallen. Und die Yagua-Indios glauben: Zwei Faultiere mit Menschenkopf halten die Welt an beiden Enden. Ein Fehltritt bringt das Gleichgewicht ins Schwanken – die Sintflut schwappt über die Erde.

Von den Mythen zur Wirklichkeit – Dasein als lebende Hängematte

Bootsfahrt auf dem Dschungelkanal nach Tortuguero in Costa Rica. Der Kapitän sieht ein weiteres grünes Exemplar im Baum hängen und pfeift melancholische Laute, stellt ein Dis und ein H in die Luft, die Töne des Faultierseufzers »Aiii«. Das Tier dreht den Kopf in die Richtung, aus der die Melodie gekommen ist, dreht und dreht ihn eulengleich: 270 Grad. Neun Halswirbel hat das Dreifingerfaultier, mehr als die Giraffe. Über dem pelzigen Biotop flattern Falter.

Das Ai bewirtet nicht nur Algen, sondern ganze Heerscharen von Insekten, Zecken, Milben und Käfern. 978 Exemplare zählten Forscher auf einem Faultierpelz. Während man die Al-

Auch eine wunderbare Symbiose: Indiojunge mit Faultier-Freund. Am schönsten ist sicher die gemeinsame Zeit in der Hängematte.

gen-Beziehung als echte Symbiose betrachten kann, hat das Faultier nichts von den Motten, diese aber viel von ihm: Sie verbringen ihr Leben im Pelz, warten auf den wöchentlichen Abstieg, um in den Exkrementen Nahrung zu suchen und ihre Eier abzulegen.

Nur einmal in der Woche krabbelt das Faultier vom Baum. Bei seinen kleinen und großen Geschäften schließt es die Augen mit einem Ausdruck stiller Verzückung. Mit dem Schwanzstummel gräbt es eine Mulde und drückt Unmengen fester Böhnchen ab – bis zu einem Viertel seines Körpergewichts.

Das Faultier frisst seinen Baum nicht auf, gibt seinem Ernährer sogar die Hälfte der

26 *Jahre nach Kriegsende, 1971, erhielt Willy Brandt den Friedensnobelpreis*

Die Faultier-Reportage

Nährstoffe wieder zurück. Und wandert weiter, sobald das Angebot magerer wird.

Neues Leitbild

Von der Reise zurückgekehrt, kündigt die Reporterin dem Fitnessstudio, kauft sich eine Hängematte und zwe Bücher: »Die Entdeckung der Langsamkeit« von Sten Nadolny und »Recht auf Faulheit« von Paul Lafargue.
Anders als in unserer Kultur gilt den Indios das Faultier als Leitbild, wie die von Claude Lévi-Strauss zusammengetragenen Mythen zeigen: ein bescheidener Esser, gut erzogen, der sich zum Entleeren immer ordentlich an die gleiche Stelle setzt. Weshalb der Faulpelz den Indios so menschenähnlich erscheint, hat womöglich auch diesen Grund – übrigens eine Rarität im Tierreich: Wie der Mensch kennt der Müßiggänger den Akt von vorn, Liebe mit Blickkontakt Marcel Goffart berichtet von 48 Stunden.
Und das Ergebnis: Das Faultier fängt im Alter von zwei Monaten an zu fressen, mit einem Jahr startet es sein Einzelgängerdasein. Mit drei Jahren ist es erwachsen, faul und acht Kilogramm schwer. Während ihrer Kindheit sind Faultiere frech und quicklebendig, sie fallen erst im Laufe des Lebens immer tiefer ins Koma. Bis ihre Seele mit etwa 30 Jahren in den Himmel steigt.

Mit der Zeit immer fauler

Die Frage: »Schläft es oder schläft es nicht?« kann nur mit »Vielleicht« beantwortet werden. Forscher fanden heraus: Das Dreifingerfaultier tut so, als verschlafe es 70 Prozent seines Lebens, siebzehn Stunden täglich.

Doch die Messung seiner Gehirnströme mittels Elektroenzephalogramm (EEG) ergab: Das Tier blufft. Es verpennt nur 66 Prozent seiner Tage. Ist also so faul gar nicht. Wirft man einen Vergleichsblick ins Tierreich, stellt man fest: Ein Löwe liegt zwölf Stunden am Stück herum, um gelegentlich mit dem Ohr zu zucken. Nur zwei bis drei Stunden jagt oder frisst er. Ein Affe verhockt drei Viertel seines Tages untätig, ein Kolibri regt neunzehn Stunden lang keinen Flügel. Sogar im emsigen Volk der Ameisen beansprucht die einzelne jede Menge Freizeit.

Ende gut, alles gut

Die Reporterin sitzt seit fünfzehn Stunden in einer Wolke von Motten über der Schreibmaschine. Auf dem Blatt Papier steht: »Sehr geehrter Herr Moosleitner, nachdem ich heute Nachmittag nach einer Woche aus meiner Hängematte geklettert war – gäääh – und die Algen abgeduscht hatte, fiel mein Blick auf den Kalender. Ich musste leider feststellen – huuuaaa –, dass ich den Abgabetermin ›Faultiere‹ um zwei Jahre überzogen habe. Das ist mir uuunaaangeneeehmmm ... Ich bitte um noch etwas Zeit, weil ich auf Ihre Frage ›Was bringt uns das Faultier?‹ noch keine befriedigende Antwort gefunden habe. Ich wollte persönlich vorbeikommen, aber die Dame am Empfang – seufz – ließ mich nicht durch. Ich glaube wegen der Motten. Mit freundlichem Gruuuußzzzzzzzzzzz ...«

Wollen Sie auch? Auch ein bisschen fauler werden, zum Lebenskünstler mutieren? Beginnen Sie einfach auf der nächsten Seite.

Johannes der Täufer kündigte den Messias an im Jahre (v. Chr.)

In **fünf** Schritten zum **Lebens-künstler**

- Sie lernen, sinnvoll mit Ihrem Lebensenergiesäckchen umzugehen.

- Sie finden heraus, was für Sie wesentlich ist.

- Sie beginnen, Ballast abzuwerfen, das Leben zu vereinfachen.

- Dann sind Sie reif, um das Prinzip Zeitlupe zu entdecken - um als Slobby Karriere zu machen.

- Und der fünfte Schritt hievt Sie direkt in die Hängematte, die einfach »Sein« heißt.

1. Schritt:
Verschwende keine Energie

Wirklich wahr: Faulpelze leben länger. Müßiggang schenkt Lebenszeit. Ist das nicht wunderbar? Glauben Sie nicht? Ist doch ganz logisch: Wir bekommen eine bestimmte Menge Lebensenergie, einen Sack Kalorien in die Wiege gelegt – und ist der verbraucht, ist es vorbei mit dem Leben. So lautet die Theorie Roland Prinzingers, Zoologe und Experte für Stoffwechselphysiologie an der Universität Frankfurt am Main. Nun, das ist eine gute Nachricht für all die, die es gerne ruhig angehen. Und eine schlechte Nachricht für all die, die sich an Kraftmaschinen abrackern.

Schonen Sie Ihr Energiekonto

Laut Prinzingers Theorie verfügt ein Lebewesen über etwa 600 kcal Basisenergie pro Gramm Körpergewicht. Ein 70-Kilo-Mann verfügt also über 42 Millionen kcal. Genug für ein Leben von 110 bis 120 Jahren. Wenn er sie allerdings verprasst, reicht es halt nur für die halbe Zeit. Denn dieses spezielle Energiekonto, das die Grundfunktionen des Körpers in Gang hält, lässt sich nicht nachfüllen. Essen nutzt da gar nichts.

30 Minuten lang kann ein Seehund maximal tauchen

1. Schritt: Verschwende keine Energie

Stoffwechselexpertin Dr. Inge Hoffmann: »Mit dieser Kalorienmenge kann ein Mensch 200 Millionen Mal atmen, eine Milliarde Mal schlägt das Herz, 20 Milliarden Mal blinzeln die Lider – so eine Zahl gibt es für jeden Körpervorgang. Die Lebensdauer hängt ab von der Arbeit, die ein Organismus leistet, und von der Energie, die er dabei verbraucht.«

In aller Ruhe alt werden ...

Nicht verprassen heißt unter anderem: faul sein. Das Faultier, der König der Muße-künstler, lebt 24 Jahre, mit Glück 30. Doppelt so lange, wie aufgrund seiner Körper-größe zu erwarten wäre. Verglichen mit gleich großen Tieren wie dem Affen oder dem Hund, ist sein Stoffwechsel bis um die Hälfte herabgesetzt. Sein Herz schlägt träge, die Lunge atmet gemächlich. Seine Körpertemperatur richtet sich nach der Umgebung; da es sich nur in Tropenwärme aufhält, verbraucht es wenig Energie.

Wer gut schläft, hat mehr vom Leben

Frauen leben länger, weil sie besser schlafen, fanden US-Forscher kürzlich heraus. Und im Schlaf ist nur mal der Stoffwechsel herabgesetzt. Wer besser schläft, schröpft sein Energiekonto auch weniger (Anleitung ab Seite 115).

Hinsetzen, Nichtstun, Ruhe tanken, gelassen sein – all das schenkt Lebenszeit. Energie sparen in Form von Faulheit ist biologisch ziemlich sinnvoll. Denn alles Lebendige braucht den Wechsel zwischen Aktivität und Nichtstun. Ein ständig angespannter Muskel stirbt ebenso ab wie ein ständig untätiger. Und nichts anderes gilt für den Geist und die Seele.

Energie-Verschwender ...

- essen zu viel
- essen zu süß
- essen zu fett
- tragen zu viele Kilos mit sich herum
- haben einen hohen Ruhepuls (Seite 33)
- strengen sich beim Sport an
- leben nicht nach ihrem Biorhythmus (Seite 36)
- machen keine Pausen
- halten sich einen Wecker
- nehmen den Aktenkoffer mit heim
- fühlen sich oft gestresst
- kennen keine Entspannungstechnik
- schützen ihre Körperzellen nicht mit Antioxidanzien (Seite 32)

... zum Nachdenken

Ich habe oft stundenlang allerlei Phantasien nachgehängt, in Zeiten, wo man mich für sehr beschäftigt hielt. Ich fühlte das Nachteilige davon in Rücksicht auf Zeitverlust, aber ohne diese Phantasiekur wäre ich nicht so alt geworden.

Georg Christoph Lichtenberg (1742–1799)

So viele Jahre bleiben Möhrensamen keimfähig:

IN FÜNF SCHRITTEN ZUM LEBENSKÜNSTLER

Der Stoffwechsel braucht Pausen

Warum haben Faultiere nicht nur mehr vom Leben, sondern auch vergleichbar viel Lebenszeit? Eine Antwort kommt aus der Stoffwechselforschung: Das Faultier lässt sich die Blätter in den Mund wachsen. Und das dauert. Darum lebt das Faultier ständig auf Diät. Und das hält jung. Bereits in den 1930er Jahren verlängerten Wissenschaftler das Leben von Laborratten um 50 Prozent – einfach dadurch, dass sie ihnen Kalorien vorenthielten. Und fortan kamen viele andere Studien auf das gleiche Ergebnis: Schmalkost hält jung.

Die Erklärung: Alles, was wir essen, muss im Körper umgewandelt werden in Energie und in Stoffe, die der Organismus verwerten kann. Je weniger dem Körper zugeführt wird, desto weniger muss er verstoffwechseln. Das schont nicht nur unser Lebensenergiesäckchen, aus dem der Stoffwechsel Arbeitsenergie abzapft. Es entstehen auch weniger Stoffwechselschadstoffe.

Der aggressivste Schadstoff heißt »freie Radikale«, wild gewordener Sauerstoff, der Körperzellen zerstört, krank und alt macht.

Essen stresst den Körper

Es ist also leider nicht so, dass Sie Ihr Lebenskaloriensäckchen mit Torten, Braten, Pommes füllen können. Im Gegenteil. Essen ist Stress für den Körper. Die Forscher sagen: oxidativer Stress. Vor allem, wenn man zu viel vom Falschen isst.

 TIPP von Lotta

Muße für den Stoffwechsel

Wer seinen Stoffwechsel nicht überfordert, spart Energie und gewinnt Lebenszeit, Zeit für Muße. Die Regeln sind relativ einfach:
- möglichst wenig Fertigprodukte
- Zucker weitestgehend meiden
- keine süßen Getränke wie Cola, Limonade, Fruchtnektar
- täglich 3 Liter trinken: Wasser, Tees
- mehr pflanzliche Öle, weniger tierische Fette, täglich Olivenöl
- nicht mehr als drei Tassen Kaffee am Tag
- Alkohol in Maßen: Gut ist ein Glas Rotwein
- fünfmal am Tag Obst und Gemüse, die Hälfte roh
- Vollkorn den Vorzug geben bei Brot, Pasta, Reis
- zweimal die Woche Fisch
- so wenig Wurst wie möglich
- nicht mehr als zweimal die Woche Fleisch (weißes ist besser als rotes)
- gegen den oxidativen Stress hilft ein gutes Multivitamin-Mineralstoff-Präparat aus der Apotheke, das mit allen Antioxidanzien versorgt (Vitamin C, Beta-Carotin, Vitamin E, Selen)

1. Schritt: Verschwende keine Energie

Je weniger Kalorien in Form von Fett und Zucker Sie aufnehmen, desto weniger Stoffwechselschadstoffe entstehen.

Nur: Ständig Kalorien einzusparen, asketisch zu leben, um dieses dann doch etwas traurige Dasein zu verlängern, wäre auch nicht der Sinn der Sache. Es gibt einen anderen, einfachen Trick, und der geht auf eine 3 000 Jahre alte Weisheit der Chinesen zurück: »Das Abendessen überlasse deinem Feind.«

Dinner-Canceling hält jung

Anti-Aging-Mediziner machten »Dinner-Canceling« daraus. Zwei- bis dreimal die Woche das Abendessen zu streichen ist die beste Verjüngungskur für den Körper. Die Fastenphase sorgt dafür, dass sich alle Organe optimal regenerieren. Es wird mehr vom körpereigenen Jungbrunnen, dem Wachstumshormon, ausgeschüttet, das Zellen repariert, Fett wegschmilzt, das Immunsystem stärkt, die Haut strafft, die Knochen festigt und Muskeln wachsen lässt.

Hauptsache: Pause!

Nun gibt es Menschen, die frühstücken nicht gern. Meist sind es die Eulen, die Nachtaktiven (Seite 36). Für sie empfiehlt sich das »Breakfast-Canceling«, um dem Stoffwechsel seine Faulphase zu gönnen.

Auch ein Obst- und Gemüsetag pro Woche schont unser Lebensenergiesäckchen. Genauso wie die gute alte Fastenwoche im Frühjahr.

Das faule Herz schlägt länger

Es hängt glücklich oben im Baum. Atmet ruhig, sein Herz schlägt langsam – außer wenn es kalt wird. Das mag das Faultier nicht. Das ist Stress. Aber sonst bringt das Faultier so schnell nichts aus der Ruhe. Darum lebt es lang.

Wenn Sie die Treppe hochsteigen oder zum Bus sprinten und dabei schnell aus der Puste kommen – dann haben Sie wenig Lebensenergie. Wenig Ausdauer. Der Puls schießt hoch, Ihr Lebensmotor läuft auf hohen Touren, verschleißt schnell.

Ihr faustgroßer Lebensmotor heißt Herz. Das pumpt in seinem Leben 179 Millionen Liter durch das 1 500 Kilometer lange Adernetz in Ihrem Körper. 6 000 Tanklastzüge könnte man damit füllen. Ziemlich viel Arbeit fürs Herz. Und der Puls zeigt jede Kontraktion an. Nehmen wir mal an, Ihr Herz schlägt in Ruhe 70-mal in der Minute, das wären 100 800 Schläge am Tag. 36 792 000 Schläge im Jahr. 2 943 360 000 Schläge in einem 80-jährigen Leben. Also rund drei Milliarden. Wissen Sie, welchen Ruhepuls Radsportler wie Jan Ulrich haben? Etwa 35. So ein Herz schlägt theoretisch doppelt so lang.

Ruhepuls und Lebenszeit

➤ Messen Sie doch mal Ihren Ruhepuls. Hinlegen, kurz ausruhen. Mittelfinger links an die Halsschlagader legen, die Pulsschlä-

Zwergkanadagänse erreichen ein Höchstalter von **33**

IN FÜNF SCHRITTEN ZUM LEBENSKÜNSTLER

ge 15 Sekunden lang zählen, dann die Zahl mit 4 multiplizieren. Haben Sie vielleicht sogar 90 oder 100? Keine Angst, das ist nicht lebensbedrohlich. Noch nicht. Aber da Ihr Herz etwa 3 Milliarden Schläge zur Verfügung hat, fahren Sie mit 90 Ruhepuls nicht besonders gut. Sie leben kürzer.

➤ Und nun denken Sie an etwas, das Sie aufregt, worüber Sie sich richtig ärgern. Etwas, das Sie regelrecht in Stress versetzt, aus der Haut fahren lässt. Und gleich messen Sie wieder den Puls. Hoch, gell? Immer wenn der Puls hochfährt, schlägt Ihr Herz schneller, und Sie wissen: Das verkürzt das Leben. Jetzt wissen Sie, warum ein Faultier lange lebt. Stressfrei in seinem Baum.

TIPP von Lotta

Nur der faule Muskel wächst

Sie wollen mehr Muskeln? Muskeln, die Fett verbrennen, Sie jung aussehen lassen? Dann schenken Sie Ihren Muskeln Auszeiten. Nur der faule Muskel wächst. Nämlich nach dem Training. Wenn Sie Kraftsport im Fitness-Center machen oder mit Hanteln und Flexband zu Hause trainieren, dann legen Sie am nächsten Tag eine Pause ein, damit sich der Muskel regeneriert. In dieser Zeit wächst er.

Machen Sie sich einfach einen niedrigeren Ruhepuls

Wie geht das? Mit Ausdauertraining. Eine lockere Form der Bewegung mit gemäßigtem Puls, die Sie nicht überfordert, sondern nur ein bisschen andauert und regelmäßig stattfindet. Also schnell gehen, gemütlich laufen, Rollschuh fahren, trampolinspringen, Rad fahren, seilspringen, schwimmen. Oder neudeutsch: walken, joggen, inlineskaten, Rebounding, Spinning, Skipping, Aquafitness.

Tun Sie es entspannt, lächelnd, konzentrieren Sie sich auf Ihre Atmung oder die stereotype Bewegung. So können Sie geistig abschalten, Sport wird zur Meditation.

Adam Riese hat nicht immer Recht

Halt, aber! Sagen Sie, weil Sie mitdenken. Radfahren: 360 Kalorien weniger in 30 Minuten; Joggen: 285 Kalorien weg; beim Spazierengehen: 126 Kalorien. Das sind doch alles Kalorien, die von meinem Lebensenergiekonto abgehen. Da verschwende ich doch Energie. Tun Sie. Aber nur für die kurze Zeit, die Sie trainieren.

Fürs Leben gewinnen Sie Energie. Denn Ausdauertraining senkt den Ruhepuls und führt dazu, dass der Puls auch bei Belastung nicht so schnell hochschießt und schneller wieder auf Normalmaß runterkommt. Das Herz schnurrt insgesamt gemütlicher. Sie können im Alltag alles viel gelassener meistern – den cholerischen Kollegen wie den Sprint zum Bus. Sie verschwenden weniger Lebensenergie.

34 *Minuten dauert ein Generationszyklus bei Pseudomonas-Bakterien*

1. Schritt: Verschwende keine Energie

Fit mit den Klitschko-Brüdern

Von den Besten lernen. Benchmarking. Mein Motto! Deswegen stammt mein Lieblingsausdauerprogramm von Profis im Ring, von dem boxenden Brüderpaar Vitali und Wladimir Klitschko. Sie haben ein Buch darüber geschrieben.

Hier ihr wunderbares Training, das zum lebensverlängernden Faultierpuls führt:

»Jeder hat ein anderes Fitness-Niveau. Wie fit Sie sind, merken Sie schnell, wenn Sie mit dem folgenden Ausdauerprogramm beginnen, das für Anfänger gedacht ist. Vielleicht haben Sie mit den lockeren Übungen genug zu tun, wenn nicht, überspringen Sie ein paar Wochen und steigen direkt an der Stelle ein, die Ihrer Fitness entspricht. Lassen Sie sich so viel Zeit, wie Sie brauchen.

1. Am ersten Tag 5 Minuten auf ebener Strecke laufen. Die Geschwindigkeit spielt keine Rolle, entscheidend ist, dass Sie 70 Prozent Ihrer maximalen Herzfrequenz (220 minus Alter) nicht überschreiten und 5 Minuten durchhalten. Anschließend 5 Minuten weitergehen. Wenn Sie damit Ihre Leistungsgrenze erreicht haben, ist das für den ersten Tag genug. Laufen Sie so bald wie möglich wieder. Idealerweise nehmen Sie sich am Anfang des Programms jeden Tag Zeit für Ihre Ausdauer. Außer am Sonntag. Da haben Sie frei.

2. Sobald Ihnen 5 Minuten Dauerlauf und 5 Minuten gehen leicht fallen, den Ablauf zweimal hintereinander wiederholen. Dauer 20 Minuten.

Wladimir Klitschko und Lothar Seiwert. Benchmarking heißt: von den Besten lernen.

3. Wenn auch das locker klappt, wiederholen Sie ein drittes Mal. Jetzt sind Sie tägliche 30 Minuten auf Trab.

4. Langsam bekommen Sie Lust auf eine größere Herausforderung. Sie intensivieren die Belastung, laufen 6 Minuten und gehen 4 Minuten.

5. Die Belastung allmählich immer mehr steigern, das heißt: länger laufen und kürzere Zeit gehen, bis Sie 10 Minuten am Stück durchhalten. Nach einer Pause laufen Sie wieder 10 Minuten. Solange der dritte Laufdurchgang zu anstrengend ist, Lauf- und Gehphasen miteinander mischen.

6. Ziel sind 35 Minuten Dauerlauf ohne Pause. Die Pulsfrequenz immer im Blick, erhöhen Sie langsam das Tempo. Wenn Sie 35 Minuten in zügigem Tempo laufen und dabei die Landschaft genießen können, verfügen Sie über eine gute Ausdauer.«

IN FÜNF SCHRITTEN ZUM LEBENSKÜNSTLER

Trainingspuls für Faultiere

Damit Sie während Ihres Trainings ja nicht zu viel Energie verschwenden, müssen Sie den Puls kennen, den Sie im Training nicht überschreiten sollten. Er heißt Grenzpuls. Die Formel dafür hat der Kölner Sportwissenschaftler Dr. Dieter Lagerstrom 1997 entwickelt. Holen Sie sich bitte einen Taschenrechner.

Trainingsherzfrequenz =

$(220 - \frac{3}{4}\,LA - RHF) \cdot X + RHF$

LA ist Ihr Lebensalter, davon nehmen Sie 75 % in die Rechnung auf:
$\frac{3}{4}\,LA$ = Ihr Alter · 75 % = _____

X Ihr Trainingszustand:

Untrainierte	0,60
Mittelmäßig Fitte	0,65
Trainierte	0,70–0,75

Ihr Trainingszustand **X** = _____

RHF ist Ihr Ruhepuls = _____

Ein Rechenbeispiel: Sie sind ein 40-jähriger Untrainierter (X = 0,6), Ihr Ruhepuls beträgt 72. Dann berechnen Sie erst einmal das in der Klammer (runden Sie die Stellen nach dem Komma immer auf oder ab) und erinnern Sie sich dabei an die alte Schulregel: Punkt vor Strich.

Trainingsherzfrequenz =
$(220 - 30 - 72) \cdot 0,6 + 72 = 118 \cdot 0,6 + 72$
$= 71 + 72 = 143$

Die Muße und der Biorhythmus

Am effektivsten kann der Faulpelz Energie sparen, indem er sich an seinen Biorhythmus hält. Der schreibt die köstlichen »Nichtstun-Zeiten« vor und die Zeiten, in denen man mit wenig Energieverbrauch die beste Leistung bringt.

Leben nach der inneren Uhr

Selbstverständlich beginnt der Faulpelztag nicht vor 7.30 Uhr. Denn britische Forscher fanden heraus: Nur wer später aufsteht, ist den ganzen Tag über gelassener, zufriedener – und fröhlicher. Morgenstund hat Gold im Mund? Nein, Cortisol. Wer mit dem Wecker aufsteht, früher als ihm lieb ist, hat eine hohe Konzentration des Stresshormons im Speichel. Cortisol verdirbt einem den ganzen Tag – und mitunter das Leben. Frühaufsteher leiden häufiger unter Immunschwäche, Muskelverspannungen, Depressionen.

Alles hat seine Zeit

Also: Lust auf Sex, Hunger oder Schmerzempfinden, Hochzeit für das Gehirn oder den Muskel – alles hat seine Zeit. Der innere Fahrplan fährt mit uns Achterbahn über Höhen und Tiefen. Die folgenden Zeitangaben gelten für die Mehrheit von uns. Nachtaktive »Eulen« addieren zwei Stunden, ausgesprochene Frühaufsteher (»Lerchen«) ziehen eine Stunde ab.

36 Jahre arbeitete Auguste Rodin am – unvollendet gebliebenen – »Höllentor«

1. Schritt: Verschwende keine Energie

7 bis 8 Uhr: In die Gänge kommen

Sobald der Morgen dämmert, Licht in unsere Augen dringt, wird die Produktion des Gute-Nacht-Hormons Melatonin gedrosselt. Herzschlag, Blutdruck und Adrenalinspiegel steigen an. Und katapultieren den Morgentyp von selbst aus den Federn.

Das Energie sparende Faultier bleibt lieber liegen. Döst, bis der bleierne Schlaf an Gewicht verliert. Nur kein Stress. Die Welt kann warten. Recken und strecken. Müdigkeit abstreifen. Langsam in die Vertikale begeben. Aber ja nicht unter die kalte Dusche. Denn kalt duschen, so Stoffwechselforscher, verbraucht Energie. Ideal wäre jetzt ein Nüchternlauf. 30 Minuten lockere leichte Bewegung, die das in der Nacht von Hormonen ins Blut geschickte Fett abbaut. Jedes Gramm Fett, das wir mit durchs Leben schleppen, kostet uns Energie.

Ausgiebig gähnen heißt: langsam aufwachen mit einer Sauerstoffdusche für alle Körperzellen.

Lerchen haben Lust auf ein Frühstück. Ideal: Müsli, Milchprodukt, Obst. Eulen sollten sich wenigstens ein Glas frisch gepressten Fruchtsaft genehmigen.

8 bis 10 Uhr: Nur kein Stress

Der Geist wacht langsam auf. Bloß nicht überfordern. Das kostet nur Energie. Wenn Sie schon arbeiten, dann erledigen Sie erst Aufgaben, die nicht Ihre ganze Geisteskraft verlangen. Small Talk mit den Kollegen, Zeitung lesen, unwichtige Telefonate, Post.

10 bis 11.30 Uhr: Ausgefaulenzt

Jetzt heißt es ackern. Es kostet kaum Energie. Die Hormone helfen mit. Gute-Laune-Hormone sorgen dafür, dass die Kreativität

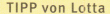

TIPP von Lotta

Schlaftypen-Test

Sie wollen wissen, was für ein Schlaftyp Sie sind: Eule oder Lerche – oder ein Zwischentyp? Dann besuchen Sie im Internet die Website *www.bumerangprinzip.de* Dort finden Sie einen wunderbaren Test.

Caligula wird zum Kaiser gekrönt, sein Nachfolger Nero geboren im Jahre **37**

IN FÜNF SCHRITTEN ZUM LEBENSKÜNSTLER

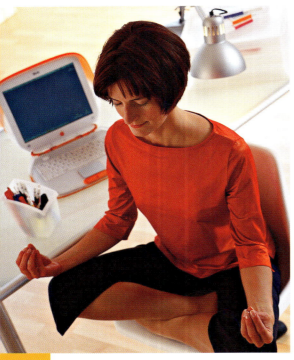

Die effektivste Pause für das ständig ratternde Gehirn ist eine kleine Meditation. Die können Sie jederzeit und überall machen. Eine Anleitung finden Sie auf Seite 95.

sprudelt. Die stimulierenden Nervenbotenstoffe Dopamin und Noradrenalin optimieren Konzentrationsfähigkeit und Kreativität. Zu keiner anderen Tageszeit arbeitet das Kurzzeitgedächtnis so gut. Knacken Sie komplizierte theoretische Probleme in den späten Vormittagsstunden, melden Sie sich für diese Zeit zu Prüfungen an.

11.30 Uhr: Augen zu

Nach 90 Minuten fordert das Gehirn seine Pause. Es will faul sein. Wir können uns nämlich nur etwa 90 Minuten lang auf eine Sache konzentrieren. Dann sollten Sie eine Pause von zehn Minuten einlegen. Erst danach sind Sie wieder aufnahmefähig. Übrigens: Allein, wenn Sie die Augen schließen, sinkt die Frequenz der Gehirnwellen in den Alphabereich. Das Gehirn tut nichts. Gut so. Nach zehn Minuten Pause können Sie nun bis 13 Uhr entspannt weiterarbeiten.

13 Uhr: Energie tanken

Um 13 Uhr geht es mit der Leistungsfähigkeit in die Mittagssenke, die Produktion der Magensäure läuft auf Hochtouren. Zeit zum Energietanken. In Form von leichter Nahrung. Protein für Geist und Körper: Geflügel, Fisch, Hülsenfrüchte oder auch Quark. Dazu Vitalstoffe: Gemüse, Salat. Und eine kleine Portion Kohlenhydrate: Nudeln, Reis, Kartoffeln.

14 Uhr: Die Stunde des Faultiers

Die innere Uhr steht auf Abtauchen. Stoffwechsel faultiermäßig runterfahren. Energieverbrauch minimieren. Zeit für einen kleinen Mittagsschlaf von 15 bis 30 Minuten (Power-Nap, Seite 116). Falls Sie nur eine kurze Pause haben, machen Sie zumindest die Minutenmeditation (Seite 85). Und wenn Sie weiterarbeiten müssen: Erledigen Sie jetzt – ohne Hast – Routineaufgaben, die wenig Energie kosten.

1. Schritt: Verschwende keine Energie

15 bis 17 Uhr: Das zweite Tageshoch

Die Leistungskurve steigt wieder an. Atem und Puls erreichen Spitzenwerte. Manuelle Tätigkeiten, die Geschicklichkeit und Tempo erfordern, gehen nun am leichtesten von der Hand. Der Geist ist willig. Vor allem das Langzeitgedächtnis. Nun sollten Sie wichtige Arbeiten erledigen oder Vokabeln pauken oder einen Vortrag halten. Ab 16 Uhr sind Sie stressempfindlicher. In diese Zeit passen gut monotone Tätigkeiten. Dafür sinkt die Schmerzempfindlichkeit um zwei Drittel – optimal für Arztbesuche. Wer sich um diese Zeit impfen lässt, hat weniger Nebenwirkungen.

17 bis 19 Uhr: Nun würde das Faultier vom Baum steigen ...

Gute Zeit fürs Ausdauertraining. Jetzt sollten Sie langsam und gemütlich die Stresshormone des Tages wegjoggen. Sicher, das kostet ein bisschen Energie, aber weit weniger, als Ihnen die Stresshormone vom Lebenskonto wegfressen. Wer nun Zeit ins Fitness-Studio investiert, erntet das höchste Muskelwachstum – aber nicht zu hektisch, sonst verprassen Sie Lebensenergie. Nun ist die beste Zeit für den Gesundheitstee. Die Niere steht auf Entgiftung.

19 bis 23 Uhr: Mußestunden der Sinne

Nun ist Muße angesagt. Kommen Sie zur Be-Sinnung. Lassen Sie sich die Trauben in den Mund wachsen – unser Geschmackssinn ist jetzt am feinsten. Leber und Bauchspeicheldrüse warten auf das Abendessen.

TIPP von Lotta

Sekunden-Meditation

Halten Sie immer wieder Augenblicke fest – in Sekunden-Meditationen. Um den Augenblick intensiv wahrnehmen zu können, folgen Sie einfach Ihrem Atem:
➤ Augen zu, Kiefer lockern, lächeln, Schultern fallen lassen. Füllen Sie Ihre Lunge langsam und vollständig mit Luft, dann lassen Sie die Luft langsam wieder hinaus. Beobachten Sie – solange Sie wollen – Ihren Atem, ohne mit den Gedanken abzuschweifen. Wiederholen Sie das ruhig mehrmals.
➤ Verbinden Sie tiefes Atmen mit ausgiebigem Räkeln und Strecken, wann immer Sie Gelegenheit dazu haben. Reißen Sie den Mund auf und leisten Sie sich ein kräftiges Gähnen. Atmen Sie »mit Stimme« aus – lassen Sie ein lang gezogenes A, O oder U ertönen. Damit kommen Sie wieder in Einklang mit Ihrem Rhythmus, ein Wohlgefühl stellt sich ein.

Während die Denkleistung nachlässt, erreichen die Sinnesorgane Augen, Ohren und Nase ihr Leistungsmaximum. Die Geschmackspapillen goutieren das lebensverlängernde Glas Wein. Hinzu kommt: Alko-

Keimfähigkeit von Tabaksamen in Jahren: **39**

IN FÜNF SCHRITTEN ZUM LEBENSKÜNSTLER

hol wird nun fünfmal besser vertragen als morgens und schneller abgebaut. Die beste Zeit für Musik, Theater – oder ein anregendes Gespräch. Da Blutdruck und Puls in wohlige Tiefen sinken, sind Sie ruhig und entspannt und können auch gut Konflikte lösen. Zeit für ein klärendes Gespräch mit dem Partner.

23 Uhr …: Prinzip Zzzzzzzz

Der Adrenalinspiegel sinkt. Der Melatoninspiegel steigt an. Das Gute-Nacht-Hormon, das ausgeschüttet wird, wenn es dunkel ist, signalisiert dem Körper: Aktivitäten reduzieren, bereitmachen für die schönste Tätigkeit aller Faultiere: Schlafen. Morgenmenschen haben ihre günstigen »Schlaftüren«, die rasches Einschlafen und erholsamen Schlummer garantieren, oft auch schon um 22 Uhr. Eulen haben ihre Schlaftüre erst nach 24 Uhr.

23 bis 3 Uhr: Faultiers beste Zeit

Jetzt ist die Zeit des tiefsten Schlafs. Die Zeit, in der wir am meisten Energie tanken. Wer in diesen Stunden gut schläft, erholt sich doppelt. Und schläft sich jung. Nun ist das Wachstumshormon aktiv, das jede Körperzelle regeneriert, Fett abbaut und Muskeln aufbaut.

3 Uhr bis …: Ab ins Land der Träume

In der zweiten Nachthälfte überwiegen die Traumphasen. Davon sollten Sie sich nichts abzwacken. Denn in dieser Zeit festigt sich das am Tag Gelernte. Man wird schlafend klug. So clever kann Faulsein sein.

Das Hirn hat ein Recht auf Faulheit

Denken Sie jetzt einfach mal eine Minute lang nichts. Geht nicht? Genau. Das Gehirn arbeitet immer. Ständig schickt es Gedanken, ob man sie will oder nicht. Und leider nicht immer die, die man gerade braucht. Im Gehirn ist ständig Gedankenlärm. Wie Nachbarskinder, die sich wichtig machen wollen. Man muss es disziplinieren. Zur Faulheit zwingen. Das ist anstrengend. Aber es geht.

So stoppen Sie den Gedankenlärm

Eins ist genug

➤ Konzentrieren Sie sich einfach eine Minute lang auf ein Ding: einen Berg, einen Elefanten, einen geliebten Menschen. Damit entlasten Sie Ihr Gehirn. Und befinden sich auf der ersten Stufe zur Meditation. Genaue Anleitung finden Sie ab Seite 95. Aber erst kochen Sie Ihr erstes Vier-Minuten-Nichtstu-Ei auf Seite 48.

Jonglierend tricksen Sie das Gehirn aus

➤ Machen Sie es wie Leonardo da Vinci. Der italienische Bildhauer und Lebemann war ein Meister des Jonglierens. Jonglieren ist eine besonders kurzweilige Form, Körper und Verstand zu koordinieren. Es schult außerdem die Konzentrationsfähigkeit und bringt die rechte und die linke

1. Schritt: Verschwende keine Energie

Gehirnhälfte auf Trab. Wenn Sie lange hocken und auf Lösungen warten, verschwenden Sie Lebensenergie. Seien Sie einfach fünf Minuten aktiv. Nach fünf Minuten Jonglieren werden die kreativen Ideen nur so sprudeln. Stöbern Sie einmal unter: *www.jonglieren.de* Diese Website ist der Jonglierwelt gewidmet. Hier finden Sie alles rund ums Jonglieren. Viel Spaß!

Bewegen Sie sich

➤ Stellen Sie sich ein Mini-Trampolin neben den Schreibtisch. Wollen die Ideen nicht kommen, dann hüpfen Sie. Keine Angst, das geht auch gefahrlos bei normaler Zimmerhöhe. Hüpfend aktivieren Sie die Zusammenarbeit beider Gehirnhälften. Sie werden sehen, plötzlich sprudeln die Ideen – ganz ohne das Geist zu martern.

Der clevere Faule hat Spickzettel

Wenn ich irgendwo neu hinkomme, bin ich so etwas wie ein Toiletten-Voyeur. Nein, nicht falsch verstehen! Mich interessieren die Sprüche, die Bücher, die Listen. An diesem ruhigen Örtchen entdeckt man nämlich sehr Interessantes über den Bewohner. Für was er sich wirklich interessiert. Man findet vor Ort Pferdesport-Magazine, Donald-Duck-Hefte, Gesundheitslexika, ständig wechselnde philosophische Sprüche, Karl Marx ... Was ich am häufigsten vorfinde, sind Vokabeln. Spickzettel für das Gehirn.

TIPP von Lotta

Gekonnt faul sein

Der Weg zu einem entspannten Geist, zum Nichts-Tun und Nichts-Denken führt über die Gesichts- und Stirnmuskeln. Sie haben eine direkte Verbindung zum zentralen Nervensystem. Erst wenn man Kopfweh hat, merkt man, dass die Stirn in Falten lag, der Mund oder die Augen verkniffen waren. Versuchen Sie folgende Übung, um Gesichtsmuskeln und Geist zu lockern. Sie wirkt Wunder:

➤ Augen schließen, Augenbrauen hochziehen, kurz halten, loslassen.

Sie fangen neu im Job an, können sich die Namen Ihrer Kollegen nicht merken. Der Computer verlangt wichtige Kurzbefehle von Ihnen. Machen Sie sich Spickzettel. An einen Ort hängen, an dem Sie immer mal wieder hinblicken. Und so ganz nebenbei nimmt das Gehirn die Information auf, prägt sie sich ein. So können Sie auch ganz andere Dinge lernen. Hängen Sie beispielsweise in Ihrer Wohnung Übersichtsgrafiken von Sachgebieten auf, die Sie interessieren: die Jupitermonde, der Stammbaum des englischen Königshauses, die Geschichte des 19. Jahrhunderts im Überblick. Sie werden staunen, wie sich Fakten unterbe-

Die ältesten Silbermöwen werden **41**

IN FÜNF SCHRITTEN ZUM LEBENSKÜNSTLER

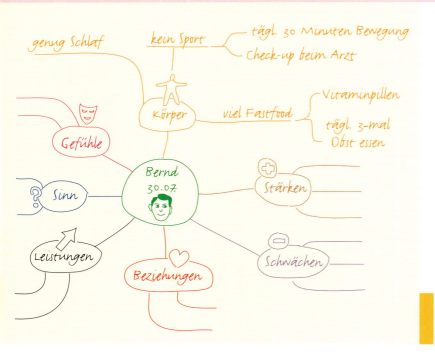

Was tun? Fehlt die Idee? Das Konzept? Die Strategie? Per Mind-Map kommen Sie gehirngerecht zur kreativen Lösung.

wusst einprägen, wenn Sie täglich immer wieder kurz darauf sehen. An einem Ort tun Sie das bestimmt. Wichtig ist, dass Sie solche Info-Grafiken regelmäßig wechseln, damit der Neugiereffekt erhalten bleibt.

Mind-Map

Unsere Realität ist komplex geworden. Reichte es im Industriezeitalter noch, eine Sache nach der anderen zu erledigen, so sind wir heute gefordert, stets mehrere Dinge gleichzeitig zu tun. Und da muss unser Gehirn mitspielen. Mind-Mapping ist eine Methode, die uns ermöglicht, unser Gehirn optimal zu nutzen. Denn Mind-Mapping entspricht in seiner Struktur dem netzwerkartigen Aufbau unseres Gehirns. Es hält Informationen beweglich – und hilft dem Gehirn, der Infoflut Herr zu werden, verknüpft in einfachen Mustern Gedanken und Symbole. Die linke und die rechte Gehirnhälfte werden gefordert, das fördert das Lernvermögen, die Kreativität und erhöht die Leistungskraft.

So geht's

➤ Nehmen Sie einen Stift und ein Blatt Papier zur Hand.
● Schreiben Sie das Ausgangsproblem oder den Kernbegriff in die Mitte. Zum Beispiel »Faulheit«.
● Ziehen Sie für jeden Hauptgedanken einen Ast in eine Richtung von diesem

Kilo verlor Karl Lagerfeld in einem Jahr – ein Plus fürs Lebensenergiekonto

1. Schritt: Verschwende keine Energie

Punkt aus: Faulheit für »Körper«, »Geist«, »Job«, »Freizeit«.

● Schreiben Sie Ihre Gedanken dazu auf, und ziehen Sie jeweils eine Verbindungslinie (Zweig) zum entsprechenden Hauptast, mit dem Sie die Idee assoziiert haben: »Meditation lernen«–›Geist‹

● Alle nachfolgenden Gedanken werden an ihren Zweig als neue Gedankenzweige angehängt. Auf diese Weise erhalten Sie eine baumartige Struktur: ›Volkshochschule anrufen«, »Britta fragen, ob sie mitmacht«.

● Verwenden Sie kurze, treffende Schlüsselwörter. Arbeiten Sie mit Bildern, Symbolen und unterschiedlichen Farben.

● Lassen Sie Ihrem Gedankenfluss seinen Lauf. Spinnen Sie Ihre Ideen, ohne groß nachzudenken über die endgültige Form der Map oder die Brauchbarkeit.

Mind-Maps können Ihnen überall nützlich sein. Von konzeptioneller Ideensammlung über die Planung von Projekten und Veranstaltungen bis hin zu Vorträgen oder Präsentationen – die Einsatzmöglichkeiten sind fast unendlich. Statt eine langweilige Telefonnotiz zu verfassen, erstellen Sie während des Gesprächs eine Mind-Map. So erfassen Sie jeden neuen Gedanken sofort und können Wichtiges von Unwichtigem unterscheiden, Termine und eigene Gedanken ergänzen. Auch im privaten Bereich sind Sie mit einer Mind-Map immer richtig – ob Sie den nächsten Urlaub planen, an einer Problemlösung arbeiten oder Ihre Zielplanung konkretisieren wollen. Versuchen Sie es einfach.

Die Nische im Job ...

Für sein Dasein als lebende Hängematte hat sich das Faultier eine Nische gesucht. In der oberen Dschungel-Etage, in 30 Metern Höhe – auf einem Baum, dessen Blätter andere Lebewesen nicht sonderlich interessieren. So hat das Faultier kaum Feinde, muss weder um sein Territorium noch um das täglich Brot kämpfen. Es spart Energie.

... schafft die Hängematte am Abend

Wir leben in einer Ellenbogengesellschaft, und das kostet Kraft. Wir verschwenden Energie. Die Evolution hat gezeigt, dass jeder dann am erfolgreichsten ist, wenn er es verstanden hat, mit seiner Umwelt in bestmöglicher Harmonie auszukommen. Nicht konkurrieren, sondern kooperieren. Und sich dabei darauf konzentrieren, wo ich mit dem, was ich tue, anderen – das können die Kunden sein, die Kinder, der Partner, der Chef, die Kollegen – den bestmöglichen Nutzen biete. Das nennt man altruistisches statt egozentrisches Denken.

➤ Fragen Sie sich nicht länger: Was will ich? Sondern:

● Was sind meine Stärken? Denn Sie verschwenden viel Energie, wenn Sie sich mit Jobs abplagen, die nicht Ihren Fähigkeiten entsprechen.

● Wo nützt das, was ich tue (mir Spaß macht, ich kann), anderen am meisten?

Keimfähigkeit von Süßkartoffeln (Bataten) in Jahren: **43**

IN FÜNF SCHRITTEN ZUM LEBENSKÜNSTLER

TIPP von Lotta

Jenseits der To-do-Liste

Wie viel steht auf Ihrer To-do-Liste? Entlastet es Sie, wenn Sie einen Blick drauf werfen – oder regt es Sie nur auf, schon bevor Sie in den Tag starten? Die To-do-Liste ist ein wertvolles Werkzeug, sich selbst zu organisieren und gut zu planen. Sie hilft also, Energie zu sparen. Die Frage ist nur: Wer kontrolliert wen? Sie die Liste – oder die Liste Sie? Dann müssen Sie diese entschlacken – oder entfernen.

- Finden Sie Ihre Nische. Tun Sie etwas, das möglichst noch nicht besetzt ist. Wo können Sie sich von anderen deutlich unterscheiden? Mit Ihren Sprachkenntnissen, Ihrer Fingerfertigkeit, Ihrer Fähigkeit zu schreiben, fröhlich zu kommunizieren, zu konzipieren, mit einer genialen Idee … Tun Sie das nicht, wird Ihre Leistung nur über den Preis definiert. Gibt es viele Webdesigner, nimmt man den billigsten.
- Suchen Sie diese Lücke, diesen Engpass bei Ihrem Kunden, Ihrer Firma, Ihrem Chef (Ihrem Kind, Ihrem Partner). Und helfen Sie ihm beim Wachsen.

Nicht Überstunden führen zum Erfolg, sondern Konzentration auf das Wesentliche. Da bleibt immer Zeit für Müßiggang.

Smart Work statt Hard Work

Energiesparprogramm für Arbeitsesel

Arbeit ist das halbe Leben, Überstunden die andere Hälfte. Nun: Eigentlich sieht man die Menschen, die viel Zeit mit der Arbeit verbringen, gar nicht mehr so gern. Denn sie machen Fehler. Workaholics glauben, je mehr sie leisten, je mehr Zeit sie investieren, desto mehr werden sie geliebt. Das stimmt natürlich nicht. Je mehr sie leisten, desto mehr zweifeln sie an sich, verlieren Kraft und Kreativität. Wer zu viel arbeitet, macht Fehler, wer nicht delegiert, vernachlässigt das Potenzial der jüngeren Mitarbeiter, anstatt es zu fördern. Endstation: ausgebrannt. Hinzu kommt: Hinter vielen vermeintlichen Workaholics steckt ein träger Geselle, der seinen Tag mit bequemen und vertrauten Arbeiten ausfüllt, seine Trägheit hinter einer Wand aus langer Arbeitszeit verbirgt. Schon deshalb ist »smart work« statt »hard work« angesagt – clever organisieren, weniger schuften, mehr Zeit haben für die Hängematte.

Pause trotz Hochphase

➤ Sind Sie hochproduktiv in eine Arbeit vertieft und können gar nicht aufhören? Machen Sie trotzdem Pause nach 90 Minuten – und wenn ein Wecker Sie daran erinnern muss. Die Qualität lässt einfach nach. Und dann haben Sie Mehrarbeit damit.

1. Schritt: Verschwende keine Energie

Immer fragen: Ist das wichtig?

➤ Und dann investieren Sie genau so viel Energie hinein, wie es Ihnen wichtig ist. Verschwenden Sie keine Kraft an Unwichtiges (siehe Kasten). Das gehört in den Papierkorb, oder es können andere erledigen. Da zeigen Sie das Faultier in sich.

Arbeitstagebuch spürt Energiefallen auf

➤ Die Arbeit erschöpft Sie, Sie haben zu viel zu tun? Dann schreiben Sie mal eine Woche lang genau auf, was Sie von wann bis wann tun. Minutiös. Damit identifizieren Sie Zeiträuber wie das Suchen nach Dingen, Unterbrechungen durch Telefon oder Mitarbeiter, falsche Organisation … Barbara Berckhan empfiehlt in ihrem Buch »Schluss mit der Anstrengung«, sich zu notieren, was besondere Mühe macht und was wie von selbst läuft. Und nach und nach »alles Mühevolle durch das zu ersetzen, was ich gut kann und was mir leicht fällt«. Das strafft Ihre Arbeitszeit auf weniger als sechs Stunden. Wetten, dass … Sie öfter in der Hängematte liegen?

Viel sitzen raubt Lebensenergie

Unsere Gene sind Millionen Jahre alt, und den Stuhl gibt es seit 200 Jahren. Ein guter ergonomischer Bürostuhl reicht nicht aus. Besorgen Sie sich zusätzlich einen Gummiball für aktives Sitzen. Arbeiten Sie auch im Stehen und Gehen. Sehr gut: ein Stehpult. Und gönnen Sie sich hin und wieder die Horizontale, warum nicht in der Hängematte? Aus Nichtstun wächst Kreativität.

Wenn nicht jetzt, wann dann?

Was ist Ihnen wirklich wichtig?

Wer sich auf das Wichtigste im Leben konzentriert, hat mehr Zeit für Spontanes und für Kreatives, ist erfolgreich aus der Hängematte heraus und nicht das Produkt des Zeitdrucks.

➤ Konzentrieren Sie Ihre Kräfte auf Ziele und Erfolge. Setzen Sie Prioritäten. Das heißt, widmen Sie sich nur einer Sache, die Sie entscheidend weiterbringt.

➤ Wichtig oder dringend? Wichtigkeit bedeutet Ziel und Erfolg, Dringlichkeit nur Zeit und Termin. Dringendes ist selten wichtig, Wichtiges selten dringend.

➤ Wichtigkeit geht vor Dringlichkeit. Nicht alles, was eilig ist, muss auch gemacht werden. Manche Dinge können Sie auch delegieren, andere sogar ganz sein lassen. Nur so schaffen Sie es, sich dem Diktat der Dringlichkeit nicht weiter beugen zu müssen. Verzetteln Sie sich nicht länger in vielen dringlichen, aber relativ unwichtigen Aktivitäten.

➤ Arbeiten Sie jeden Tag an einer langfristigen Aufgabe. Neben dem Tagesgeschäft muss man an langfristigen, strategisch wichtigen Zielen arbeiten. Nur so verursachen Sie heute Ihre Erfolge von morgen. Und sparen dabei Energie.

Paulus begann seine Missionsreisen im Jahr (n. Chr.)

IN FÜNF SCHRITTEN ZUM LEBENSKÜNSTLER

Sekundenschnell Power tanken

➤ Wenn Sie sich ausgepowert fühlen, legen Sie für eine Minute den Kopf nach hinten. Stellen Sie sich vor, Sie hingen wie ein Faultier im Regenwald im Amazonas. Erfrischender Regen trommelt auf Ihr Gesicht. Klopfen Sie dazu mit den Fingerspitzen in schnellem Tempo auf Stirn, Wangen, Hals, Schultern und Nacken.

Energieräuber Papierkrieg

➤ Nehmen Sie jedes Dokument nur einmal in die Hand. Führen Sie es seiner Bestimmung zu: dem Papierkorb, der Ablage, der Delegation, der sofortigen Erledigung.

TIPP von Lotta

Sechs goldene Energiespar-Regeln

1. Wenn du etwas herausnimmst, lege es wieder zurück.
2. Wenn du etwas öffnest, schließe es wieder.
3. Wenn dir etwas heruntergefallen ist, hebe es wieder auf.
4. Wenn du etwas heruntergenommen hast, hänge es wieder auf.
5. Wenn du etwas nachkaufen willst, schreibe es sofort auf.
6. Wenn du etwas reparieren musst, tue es innerhalb einer Woche.

Das DIN-Prinzip (Do It Now!)

Wir schieben alle viel zu viele Dinge vor uns her. Doch auch kleine Aufgaben, die liegen bleiben, sorgen in der Addition dafür, dass wir irgendwann überfordert sind.
➤ Deshalb sollten Sie alle Aufgaben, deren Erledigung nicht mehr als drei Minuten in Anspruch nimmt, sofort erledigen (siehe Kasten!). Das macht den Kopf frei für müßige Gedanken.

Energiespar-Gehilfen

➤ Setzen Sie auf Teamwork: Zwei Personen erledigen dieselbe Arbeit oft viermal so schnell wie einer alleine. Und gemeinsam Pausen machen macht mehr Spaß.

Faultier-Konferenz

Statt durch die Gegend zu reisen: faul im Stuhl zurücklehnen – und die »Konferenzschaltung« nutzen. Über eine Servicenummer der Telekom (siehe Informationsseiten im Telefonbuch) ist es möglich, mehrere Teilnehmer gleichzeitig zu einem bestimmten Zeitpunkt zusammenzuschalten. Gut fürs Geschäft – aber auch im privaten Bereich nutzbar. Vater oder Mutter haben Geburtstag, die Kinder sitzen rund um den Erdball. Einfach zusammenschalten und gemeinsam »Happy Birthday« singen.
➤ Die Konferenz bei der Telekom spätestens eine halbe Stunde vorher anmelden. Für Geschäftskonferenzen Zielthema und Tagesordnung festlegen und rechtzeitig versenden. Dann kann man konzentriert und sehr effizient miteinander konferieren.

Jahre alt war »Ötzi« vermutlich, als er starb

1. Schritt: Verschwende keine Energie

Abends planen für den nächsten Tag

▶ Schreiben Sie kurz vor dem Zu-Bett-Gehen auf, was Sie morgen erledigen wollen – und wann Sie völlig unproduktiv dem Müßiggang frönen wollen. Übertragen Sie auch Unerledigtes auf die neue Liste. Aufgeschrieben belasten diese Vorhaben nicht mehr Ihre Gedanken. Sie können abschalten. Und am Abend die Muße küssen.

Die ALPEN-Methode Plus

▶ Planen Sie Ihren Tag in fünf Schritten:

A = Aufgaben aufschreiben
L = Länge der Aktivitäten einschätzen
P = Pufferzeiten reservieren
E = Entscheidungen über Priorität, Delegation oder Weglassen sofort treffen
N = Nachkontrolle und Übertrag oder Streichen nicht erledigter Jobs.
Und das »Plus«? Ganz einfach. Sie planen die Zeit fürs Füßehochlegen gleich mit ein.

Gleichartige Arbeiten zusammenfassen

So braucht man nur einmal die Planungsarbeit zu machen und hat nur eine Aufräumphase. Noch besser: Ein Spezialist erledigt Schwieriges für alle auf einmal.

Delegieren Sie

▶ ... drängende Geschäfte, die aber nicht unbedingt wichtig sind – sofern Sie Ihrem Faultier-Dasein nicht Spaß vermitteln. Darunter fallen Routineaufgaben und Verwaltungsakte, Telefonate und Konferenzen. Und alle anderen Aufgaben, die ein anderer ebenso gut, billiger oder sogar besser kann.

Planen Sie auch die Stunden ein, in denen Sie von der Muße geküsst werden wollen.

Die Auszeit im Job

▶ Suchen Sie sich eine Rückzugsmöglichkeit – ob zwei Stunden am Tag oder einen Tag in der Woche. Da widmen Sie sich all den wichtigen Dingen, die Rückzug von Ihnen verlangen. Verteidigen Sie Ihr Revier mit einem »Bitte nicht stören«-Schild. Gehen Sie nicht ans Telefon. Nutzen Sie den Anrufbeantworter, und heben Sie nur zu bestimmten Zeiten das Telefon ab, wenn Sie vielleicht gerade Routinearbeiten erledigen. Wer Sie beim Arbeiten unterbricht, dem sagen Sie freundlich, aber bestimmt, ab wann Sie wieder ansprechbar sind.

Perfektionismus raubt Energie

▶ Sie müssen ja nicht schlampig werden, nur einfach nicht 100-prozentig sein. Halten Sie sich immer an das Pareto-Prinzip (Seite 61): 80 Prozent reichen auch.

Um 1900 wurden die Menschen im Durchschnitt nur

DIE FAULTIER-STRATEGIE

Das Energiespar-
Programm

Mit diesen Schritten unternehmen Sie die erste Häutung
auf dem Weg zum Lebenskünstler.

Kochen Sie das erste
Vier-Minuten-Ei des Nichtstuns

Für Sie ist Nichtstun neu? Dann beginnen Sie am nächsten Samstag mit einer kleinen Dosis. Sie tun das Ei ins kochende Wasser, stellen die Uhr, und dann decken Sie nicht den Tisch – sondern beobachten einfach das Ei. Nicht mit den Gedanken abschweifen zu den Schlagzeilen des Tages, einfach das Ei und das Wasser beobachten. Langweilig? Gut. Sie werden langsam zum »Ai« (kennen Sie aus dem Kreuzworträtsel: Faultier). Nach 3,5 Minuten sind Sie so weit ... und schon holt Sie die Eieruhr zurück in den betriebsamen Alltag.

Senken Sie Ihren Ruhepuls

Ein hoher Puls heißt: Sie leben ein stressiges Leben. Verschwenden Energie. Kommen Sie zur Ruhe. Don't hurry! Drosseln Sie Ihr Tempo, entlasten Sie Ihr Herz. Fangen Sie morgen damit an oder übermorgen. Denn was man länger als 72 Stunden auf die lange Bank schiebt, tut man nie – eine Erkenntnis

aus der Motivationspsychologie. Bewegen Sie sich täglich 30 Minuten, ohne sich stark anzustrengen. Gut sind: Walken, Joggen, Inlineskaten, Schwimmen, Radfahren, Trampolinspringen. So züchten Sie sich einen niedrigen Ruhepuls, den eines Faultieres. Er wappnet Sie auch gegen Alltagsbelastungen.

Entlasten Sie Ihren Stoffwechsel

Schreiben Sie eine Woche lang auf, was Sie täglich essen. Dann streichen Sie alles an, was Zucker, Weißmehl und tierisches Fett enthält. Und das versuchen Sie künftig zu meiden. Dafür greifen Sie zu bei Geflügel, Fisch, Vollkornprodukten, Pflanzenölen.
Weitere Lebensjahre, die Sie in Muße verbringen können, gewinnen Sie, wenn Sie zudem zwei- oder dreimal die Woche das Abendessen »canceln«. Eulen lassen das Frühstück weg, füllen stattdessen eine Thermoskanne mit frisch gepresstem Obstsaft oder Gemüsecocktail und starten gegen Gifte gewappnet etwas später in den Tag.

48 Minuten pro Tag surfen Europäer durchschnittlich im World Wide Web

Das Energiespar-Programm

Optimieren Sie Ihren Job

Gleich. Setzen Sie sich hin, machen Sie eine Liste mit den Dingen, die Sie am besten können und die Sie am liebsten tun. Sprechen Sie mit Ihrem Partner, Ihren Freunden, Kollegen, wo deren Meinung nach Ihre Stärken liegen. Und das besprechen Sie dann mit Ihrem Chef. Stimmen gemeinsam mit ihm und Ihren Kollegen ab, wo Sie künftig vermehrt Einsatz bringen – und wo weniger. Wer ständig mit ausgefahrenen Ellenbogen durchs Büro stolziert, verprasst Energie. Kooperieren Sie, übernehmen Sie die Aufgaben, die Sie wirklich gut können und die den anderen am meisten helfen. Das macht Überstunden unnötig. Quantitatives Engagement führt langfristig sowieso nicht zum Erfolg.

Leben Sie einen Probetag im Einklang mit Ihrer inneren Uhr

Sagen Sie Ihrer Familie (und eventuell Ihrem Chef) Bescheid: Ich lebe morgen nach meiner inneren Uhr. Nehmen Sie einen normalen Arbeitstag, am Wochenende ist es zu leicht.

Lassen Sie sich nicht wecken, sondern stehen Sie erst auf, wenn das innere kleine Faultier bereit ist. Sie frühstücken, wann es Ihr Bauch diktiert, und geben ihm, worauf er Lust hat. Bis 10 Uhr sollten Sie Ihren Geist nicht strapazieren. Danach können Sie Ihre Gehirnzellen auf ein Maximum hochfahren. Sobald die Gedanken abschweifen, das

wird nach etwa 90 Minuten sein, legen Sie eine Denkpause ein. Warum nicht auf den Beinen an der frischen Luft. Nach der Pause bis Mittag weiterarbeiten. Mittag ist dann, wenn Ihr Bauch sagt: Hunger. Nach dem Essen beim Power-Nap tagträumen. Bis 15 Uhr machen Sie Routinearbeiten, die wenig Geist verlangen. Bis 17 Uhr die zweite geistige Hochphase nutzen. Pause fürs Gehirn einlegen. Dann irgendwann nach 17 Uhr hätten Ihre Muskeln Lust auf Aktivität. Probieren Sie es ruhig aus – joggend im Wald oder an der Kraftmaschine im Fitness-Zentrum. Ab 19 Uhr sind Ihre Geschmacksnerven so richtig sensibel. Wenn dann auch noch der Magen knurrt, verwöhnen Sie sich mit einem leichten Gourmet-Essen. Genießen Sie den Abend mit der Muße. Fallen Sie vor Mitternacht ins Bett. Und Sie werden sehen: Sie träumen süß.

Minuten-Meditation: Kraft tanken mit Tagträumen

Besuchen Sie für ein oder zwei Minuten einen Ort Ihrer Wahl. Atmen Sie ruhig ein und aus. Schließen Sie die Augen, versetzen Sie sich an dieses Traumziel. Was hören, schmecken, sehen Sie? Spielt Musik? Rauschen Meereswellen? Pfeift der Wind? Mit dieser Reise normalisieren sich Herzschlag und Blutdruck, ein entspanntes Gefühl überflutet Sie, Sie tanken neue Energie. Tun Sie das immer, wenn es stressig wird.

Cäsar überschritt den Rubikon im Jahr (v. Chr.)

2. Schritt:
Fokussiere das Wesentliche

Kann ein Faultier glücklich sein? Führt es ein sinnvolles Leben? Nun, es hat alles, was es braucht, muss nicht konkurrieren, hat nur wenig Feinde – sein Leben ist ein einziges Ritual, und es konzentriert sich auf das Wesentliche. Auf Schlafen, Lieben, Fressen und Faulenzen. Was ist wesentlich für Sie?

Sicher navigieren

Vor einiger Zeit habe ich mir ein Navigationssystem für mein Auto gekauft. Seitdem komme ich effektiver, schneller und sicherer an mein Ziel und kann mich während der Fahrt wichtigen Dingen widmen: Ich denke nach, ich spreche etwas auf mein Diktafon, ich telefoniere, ich höre Nachrichten, schöne Musik oder eine Literaturkassette – und wenn ich einen Beifahrer habe, unterhalte ich mich mit ihm.

All das habe ich vorher auch gemacht. Aber nur mit halbem Kopf. Während meine Füße und Hände automatisch die Bewegungen vollzogen, die eine langjährige Routine der Großhirnrinde eingebläut hat, war mein Bewusstsein dauernd damit beschäftigt, Ortsangaben, Entfernungs- und Straßenschilder zu entziffern, auf Atlas und

50 Tage dauert die Tragezeit beim Rotfuchs

2. Schritt: Fokussiere das Wesentliche

Stadtplan zu schielen und bei alledem dem Vordermann nicht draufzufahren.
Jetzt schaue ich mir die Gegend an, höre zu und rede oder bin still – und zwischendurch (ver)führt mich eine elegante, erotische Frauenstimme: »Bitte auf die rechte Fahrspur wechseln – nach fünfzig Metern rechts abbiegen – Sie befinden sich noch 2,8 Kilometer vom Fahrziel entfernt.«

Der innere Leitstern

Was ich damit sagen will: Wer weiß, wohin und was er will, wer Prinzipien und einem Wertesystem folgt, einem inneren Leitstern, der verzettelt sich nicht in Nebensächlichkeiten, sondern gewinnt Zeit für Muße. Wer ein Navigationssystem im Hirn und Herzen eingebaut hat, dem sagt es, wo es langgeht, wie er sich zu entscheiden hat, auch in unübersichtlichen Situationen.
Wenn ich für mich selbst geklärt habe, was mir wichtig ist, kann ich neugierig in den Tag hineingehen, schauen, was er mir bringt – und währenddessen tun, was mir wichtig ist und was mich bereichert.

Das Wesentliche hat viele Gesichter

Die Geschichte vom Wasserträger

Es war einmal ein Wasserträger in Indien. Auf seinen Schultern ruhte ein schwerer Holzstab, an dem rechts und links je ein

TIPP von Lotta

Einmal in Klausur begeben

Sie sind auf der Suche nach Ihrer Lebensvision. Doch rundherum ist alles zu hektisch. Dann buchen Sie Vollpension beim lieben Gott, gehen Sie ins Kloster, begeben Sie sich dort für einige Zeit in Klausur. Die Stille und ein gut durchstrukturierter Tag lassen Sie auf andere Gedanken kommen, zeigen Ihnen die wichtigen Werte, helfen Ihnen auf der Suche nach Ihrer Vision im Leben. Auf jeden Fall müssen Sie eine große Portion Disziplin mitbringen und verlassen das Kloster mit einer noch größeren Portion Optimismus und Lebensenergie – und Ihrer Vision. Erkundigen Sie sich in Ihrer Pfarrei. Oder im Internet: Unter *www.orden-online.de* finden Sie »Kloster auf Zeit«.

großer Wasserkrug befestigt war. Nun hatte einer der Krüge einen Sprung. Der andere aber war intakt, und mit ihm konnte der Wasserträger am Ende seines langen Weges vom Fluss zum Haus seines Herrn eine volle Portion Wasser abliefern. In dem kaputten Krug war hingegen immer nur die Hälfte des Wassers. Zwei Jahre lang lieferte der Wasserträger seinem Herren also einen

Das älteste Flusspferd verschied mit **51**

IN FÜNF SCHRITTEN ZUM LEBENSKÜNSTLER

vollen und einen halb vollen Krug. Der Krug mit dem Sprung schämte sich, dass er durch seinen Makel nur halb so gut war wie der andere Krug. Nach zwei Jahren Scham sprach er zu seinem Träger: »Ich schäme mich so für mich selbst, und ich möchte mich bei dir entschuldigen.«

Der Wasserträger fragte: »Aber wofür denn? Wofür schämst du dich?« »Ich war die ganze Zeit nicht in der Lage, das Wasser zu halten. Du hast die volle Anstrengung, bekommst aber nicht den vollen Lohn, weil du immer nur anderthalb statt zwei Krüge Wasser ablieferst«, sprach der Krug. Dem Wasserträger tat der alte Krug Leid und er wollte ihn trösten: »Achte gleich einmal, wenn wir zum Haus meines Herren gehen, auf die wundervollen Wildblumen am Straßenrand.« Der Krug konnte daraufhin ein wenig lächeln, und so machten sie sich auf den Weg.

Am Ende des Weges jedoch fühlte sich der Krug wieder ganz elend und entschuldigte sich erneut zerknirscht bei dem Wasserträger. Der aber erwiderte: »Hast du die Wildblumen am Straßenrand gesehen? Ist dir aufgefallen, dass sie nur auf deiner Seite des Weges wachsen? Ich wusste von Beginn an von deinem Sprung. Und so habe ich einige Wildblumensamen gesammelt und sie auf deiner Seite des Weges verstreut. Jedes Mal, wenn wir zum Haus meines Herren liefen, hast du sie gewässert. Ich habe jeden Tag einige dieser wundervollen Blumen pflücken können, die mein Haus und das meines Herren schmücken. Und all diese Schönheit hast du geschaffen.«

Das Wesentliche …

… hat so viele Gesichter, wie es Menschen gibt. Deswegen gibt es auch kein allumfassendes Rezept, keinen Wegweiser zum Wesentlichen. Dieser Mann hat ein Viertel seines Lohns dafür bezahlt, Wildblumen wachsen zu sehen. Und sie wuchsen nicht aus der Perfektion, sondern aus einem Makel. Auch das kann wesentlich sein.

Wenn nicht jetzt, wann dann?

Philosophie-Kärtchen

▶ Nutzen Sie die Kraft der klugen Sprüche. Schreiben Sie Lebensweisheiten großer Philosophen in kurzer Form auf ein kleines Blatt oder auf farbige Post-it-Zettel und heften Sie diese auf den Badezimmerspiegel. Abends und morgens wird beim Zähneputzen Ihr Blick darauf fallen, und Sie werden staunen, wie aufnahmefähig Sie auch zu später und früher Stunde sind.

Platzieren Sie solche Weisheiten überall dort, wo Sie etwas Zeit haben: in Ihrem Zeitplanbuch (für Bahnfahrten und Sitzungspausen), über dem Küchenherd, vielleicht sogar auf der Toilette.

Unter mehr als 120 000 Zitaten wählen können Sie hier: *www.zitate.at*

Jahre kann der Andenkondor alt werden

2. Schritt: Fokussiere das Wesentliche

Das Leben ist mehr als arbeiten

Für viele Menschen ist nur die Arbeit wesentlich. Sie rackern sich ab bis zur Pensionierung. Und dann fallen sie in ein Loch. Oder was ist, wenn man mit fünfzig plötzlich »freigestellt« wird? Wenn plötzlich das Schicksal Arbeitslosigkeit zuschlägt. Dann kommt die große Leere, man fühlt sich nutzlos.

Sie können vorsorgen. Fangen Sie schon heute an, Ihr Leben mit anderen Inhalten zu bereichern. Jedes Hobby, egal ob Wandern, Malen, Fotografieren, karitative Tätigkeit, fördert die Fähigkeit zum Müßiggang. Bewahrt Sie davor, sich ohne Arbeit »leer und nutzlos« zu fühlen.

Was ist wesentlich in Ihrem Leben?

Wovon träumen Sie? Haben Sie Ihre Träume schon ausprobiert, sie schon mal gelebt? Das Wesentliche hat viele Gesichter.
Wenn Sie davon träumen, eine Weltreise zu machen, haben Sie schon mal mit Ihrem Chef über ein Jahr Auszeit gesprochen?
Wenn Sie davon träumen, ein Buch zu schreiben, haben Sie im Computer schon eine Datei angelegt?
Wenn Sie sich wünschen, anderen Menschen zu helfen, haben Sie schon mal Ihren Urlaub in ein Altenheim investiert oder in ein afrikanisches Waisenhaus?
Sie träumen davon, einfach nichts zu tun, eine Zeit lang dem Müßiggang zu frönen. Haben Sie diesen Monat schon fünf bis zehn Prozent Ihres Gehaltes auf die hohe Kante gelegt? Möglich ist alles. Man darf es

Das Wesentliche findet sich nicht nur in den großen Visionen, sondern oft in den kleinen Dingen, im Alltäglichen. Es hat viele Gesichter …

nur nicht beim Träumen belassen. Sie haben nur dieses eine Leben. Warten Sie nicht darauf, dass andere es lenken. Träumen Sie nicht länger, machen Sie etwas daraus.

➤ Nehmen Sie sich eine Mußestunde, setzen Sie sich hin und schreiben Sie auf, was Sie in Ihrem Leben erreichen wollen. Wovon Sie träumen.

➤ Und dann überlegen Sie sich Strategien, wie Sie es erreichen können. Das können Sie. Das können nur Sie.

Maurice Ravel schrieb den »Bolero« in bestem Alter: mit **53**

INTERVIEW

Arbeit ist die Religion
des modernen Menschen

Auch die Kirche rät: Halten Sie Balance zwischen Muss und Muße.
Nichtstun ohne Sinn ist nicht befriedigend. Und für den, der zu viel arbeitet,
verliert die Arbeit ihren Sinn. Ein Interview mit Abt Odilo Lechner.

Dr. Odilo Lechner ist Abt der Benediktiner-abtei St. Bonifaz in München.

Die Arbeit ist die Religion des modernen Menschen. Viel muss man heute arbeiten, möglichst lange und oft – am besten auch noch am Wochenende. Wer da nicht mithält, wird schnell zum Außenseiter. Früher war das ganz anders.

Abt Odilo: Stimmt. In der Antike herrschte das Ideal, sich der Politik und Philosophie zu widmen und ansonsten den Müßiggang zu pflegen – ein Privileg allerdings der Männer einer kleinen Oberschicht. Für alles andere waren Sklaven und Arbeiter da. Mit der Ordnung des heiligen Benedikt setzte dann im frühen Mittelalter eine Wende ein: Die Arbeit erfuhr eine positive Bedeutung. Für Benedikt gehörte die Arbeit neben den Gebeten und geistlichen Lesungen zu den Tätigkeiten, mit denen man Gott verherrlicht. In seinem Kapitel über Handarbeit empfiehlt er, Mönche gemäß ihren Fähigkeiten Arbeiten ausführen zu lassen. Aber: Die Arbeit darf im klösterlichen Leben kein Übergewicht haben, sagt Benedikt. Und er fügt hinzu: Wenn einer durch eine bestimmte Arbeit stolz wird, muss man

ihm eine andere geben. Benedikt erteilt also dem Leistungsprinzip eine klare Absage.

Dann hatten die Benediktinermönche ein ziemlich ruhiges Leben?

So kann man das nicht sagen. Das Wesentliche an der klösterlichen Kultur ist der Rhythmus. Es muss Arbeit und Gebet geben, aber auch das Freiwerden von Arbeit. So erklärt sich im Übrigen der biblische Rhythmus der Sieben-Tage-Woche, in der es einen siebten Tag der Ruhe gibt. Nach dem Sechs-Tage-Werk der Schöpfung gönnt sich Gott selbst am siebten Tag Ruhe. Daraus kann dann neue Aktivität hervorgehen.

Man darf also mit dem Segen der Kirche faul sein?

Gewissermaßen ja. Wobei es eigentlich in erster Linie um das Freiwerden vom Druck der Leistung geht. Wichtig ist, dass der Mensch in seiner Freiheit eine Alternative zu seinem beruflichen Leben erfährt. Dass der Büromensch in die Natur gehen und der Bauarbeiter sich richtig ausruhen kann. Im christlichen Verständnis ist der Mensch mehr als nur ein Arbeiter.

Viele Menschen machen zu wenig Pause, weil sie sich von einem strengen Chef zum

54 *Jahre lebte der Philosoph René Descartes*

Interview mit Abt Odilo Lechner

Dauerfleiß verpflicht fühlen. Auch die Kirche verlangt von Gläubigen Gehorsam.
Aber nur gegenüber Gott. Und das ist sehr wichtig für den gestressten Arbeitnehmer: Wenn es nur *eine* höchste Macht gibt, dann kann niemand Totalanspruch auf ihn erheben – auch nicht der Chef. Außerdem kommt der Begriff »gehorchen« von horchen, hören. Die Bedingung zum Gehorchen ist das Freiwerden von all dem Lärm, der den modernen Menschen belästigt: vom Handy-Geklingel bis zum Radiowecker. Deswegen schweigen wir Mönche. Und manchmal tun wir auch nichts – damit Wichtiges an unser inneres Ohr dringt.

Glauben Sie, dass dieses Argument zieht, wenn man seinen Arbeitgeber um ein paar Tage Urlaub bittet?
Keine Ahnung, aber der Versuch würde sich lohnen. Ich erzähle Ihnen ein Beispiel: Ein Freund von mir hatte einen sehr aufreibenden Job. Man erwartete von ihm, dass er sieben Tage in der Woche arbeitete. Weil er aber sehr tüchtig war, bestand er auf einem freien Sonntag. Und er hatte ein gutes Argument: Denn immer, wenn es am Montag ein Problem gab, konnte mein Freund es besser lösen als die anderen. Weil er aus der Distanz kam und aus der Ruhe heraus eine Lösung finden konnte.

Wie steht die Kirche zu jenen Workaholikern, die nur wegen des Geldes arbeiten?
Die Kirche vertritt das Gegenteil von dem, was die Werbung vermittelt. Wir sagen: *Glücklich ist nicht, wer mehr hat, sondern wer wenig braucht.* Man muss wissen, dass ein Spaziergang mehr bringen kann als eine Weltreise. Glück hat nichts mit Geld zu tun, denn Geld ist nur ein Mittel. Glück besteht darin, dass ich Sinn erfahre. Das betrifft übrigens auch das Faulsein: *Nichtstun ohne Sinn ist nicht sehr befriedigend.*

Sündigt man, wenn man zu viel arbeitet?
Ja, weil die Arbeit nicht mehr wegen ihres eigentlichen Sinnes getan wird, sondern zum Selbstzweck wird. Wenn man nämlich so viel arbeitet, dass man die Familie gar nicht mehr sieht, für die man eigentlich arbeitet, dann verliert die Arbeit ihren Sinn.

Dennoch hat so mancher ein schlechtes Gewissen, wenn er mit der Familie einen faulen Sonntag macht.
Dann verweise ich auf ein religiöses Urphänomen: Die Gnade Gottes besteht darin, dass Gott uns wohl will. Wenn ich mir also nichts gönne, lehne ich die Gaben Gottes ab.

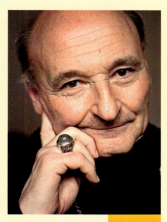

Abt Odilo Lechner erteilt dem Leistungsprinzip eine Absage.

IN FÜNF SCHRITTEN ZUM LEBENSKÜNSTLER

Bauen Sie Rituale in Ihr Leben ein

Bevor ein Faultier sich dazu entschließt, die Mühsal des Fressens auf sich zu nehmen, prüft es den Geruch seines Futters und bestimmt so, ob es gut ist. Das Faultier ist nämlich ein Feinschmecker. Riecht ein Blatt gut, frisst es nicht gleich los. Es schließt erst einmal die Augen, frönt der Muße, das Blatt läuft ja nicht weg. Augen auf, probieren, Augen zu. Köstlich. Noch ein Biss. Jedes Blatt ist ein kleines Ritual.

Der Alltag braucht Rituale

Ein hinduistischer Mönch im Himalaya steigt jeden Morgen zum Fluss hinunter, zur Göttin Ganga, die er als Ma, als Mutter, anredet. Er taucht in den Fluss ein, macht Gesten der Verehrung, schöpft heiliges Wasser und spendet es mit Blütenknospen allen Götterfiguren am Wegesrand. Für westlich Denkende mag eine solche scheinbar sinnlose, sich täglich wiederholende Handlung Zeitverschwendung sein. Der Mönch ist nicht produktiv, sondern gibt sich einfach der Zeit hin. Auch er nutzt die Kraft der Rituale.

Kennen wir auch: Firmung, Hochzeit, Beerdigung. Nur eben nicht jeden Tag. Holen Sie Rituale in Ihren Alltag. Denn sie vereinfachen das Leben, geben Sicherheit, verjagen Routine, schenken Freude und vermitteln kulturelles Erbe. Auch alltägliche Rituale, die scheinbar nichts Religiöses an

sich haben, vermitteln »Höheres« wie Zeitlosigkeit, Unveränderlichkeit und Unsterblichkeit. Haben also durchaus einen Sinn.

Was ist ein Ritual?

Das Wort kommt vom lateinischen »ritus«: feierlicher, religiöser Brauch, Zeremoniell. Jede Kultur hat ihre Rituale. In unserer Zeit hat der Begriff eine Inflation erlebt. Wir sprechen von Ritual, obwohl wir Routine oder Gewohnheit meinen. Ein Ritual ist aber mehr. Es bedeutet, etwas mit großer Achtsamkeit zu tun, etwas Wichtiges zu zelebrieren – statt es halbbewusst, automatisch zu absolvieren.

Für ein Ritual braucht es einen Anlass, einige Regeln, ein Motiv. Und es schafft eine Verwandlung, die unwiderruflich ist. Ein kleines Beispiel: Eine Frau liebt ihre Rosen. Jeden Morgen um acht Uhr geht sie hin, schneidet liebevoll die verwelkten Blüten ab. Versinkt in der Natur der Farben und Düfte. Sie spricht mit ihnen, nimmt eine schöne Blüte mit ins Haus, stellt sie in eine Vase. In dieser Zeit verwandelt die Frau die Natur – und diese sie. Sie tankt Gelassenheit, Freude, Zufriedenheit.

Rituale bannen die Zeit

Rituale sind keine Zeitverschwender, sie bannen vielmehr die Übermacht »Zeit«. Durch das immer Wiederkehrende und Gleichförmige der Handlung wird Ereignis- oder Konsumzeit zum zeitlosen Fluss. Sie können aus allem ein Ritual machen. Aus dem Kaffeekochen, aus dem Rotwein-

---

Jahre alt wäre Cäsar geworden – wenn Brutus diesen Geburtstag nicht verhindert hätte …

2. Schritt: Fokussiere das Wesentliche

TIPP von Lotta

Rituale und das Wesentliche

➤ Wenn Sie wissen, was wirklich wichtig ist für Sie, dann machen Sie ein kleines Ritual daraus. Zum Beispiel:
Anlass: Sie spüren, dass Sie älter werden, möchten Ihrem Körper Gutes tun.
Motiv: Gesundheit.
Regeln: Gib ihm täglich Obst und Gemüse. Dafür kaufen Sie sich einen Mixer.
Ritual: Sie bestellen beim Biobauern die wöchentliche Obst- und Gemüsekiste. Geben jeden Morgen klein geschnittene Früchte in den Mixer. Und genießen das köstliche gesunde Getränk. Dann haben Sie ein Ritual, das Sie verwandelt. In einen jüngeren, gesünderen Menschen.

trinken, aus dem Zu-Bett-Bringen des Kindes. Aus allem, was Innen wirklich wichtig ist. Rituale sind dazu da, zur Be-Sinnung zu kommen, Handlungen mit allen Sinnen zu genießen.

Wie viele Rituale braucht der Mensch?

Rituale dürfen allerdings nicht zum Zwang werden. Dann nämlich verlieren sie sämtliche positiven Eigenschaften. Nutzen Sie Rituale bei Ihrer Verwandlung zum Müßiggänger, aber hinterfragen Sie auch ab und zu, ob Sie mit einem Ritual Unangenehmes verdrängen. Rituale sollen Spaß machen, nicht einschränken!

Das können Rituale, sie …

… vermitteln Freude

Der berühmte Glücksforscher Mihaly Csikszentmihalyi hat beobachtet, dass »flow«, das glückselige Aufgehen in einer Tätigkeit, auch bei rituellen Feiern entsteht. Auf einer Hochzeit tanzen, der Kapelle beim 60. Geburtstag lauschen, den Weihnachtsbaum schmücken … wir tun das aus Freude, aus Spaß und sind glücklich dabei.

… vermindern negative Gefühle

Wenn ein Angehöriger stirbt, ist der Schmerz groß. Totenklagen gibt es in vielen Kulturen, das stundenlange Singen und Rezitieren von alten Texten lindert die Trauer. Andere Rituale fördern Heilung und Versöhnung nach Krisen, wie das Genesungsmahl oder die Friedenspfeife.

… vermitteln Zugehörigkeit

Das Zeitlose der Rituale verbindet Vergangenheit, Gegenwart und Zukunft. Ihr tägliches Morgenritual ähnelt vielleicht sehr dem Ihrer Großmutter. Sie brühen den Kaffee auf wie sie. Und behalten sie dadurch in besonderer Erinnerung. Sie fühlen sich durch die rituelle Handlung weniger allein, mehr als Teil der Familie.
Riten in der Firma: Der wöchentliche Restaurantbesuch, der tägliche Kaffeeplausch mit den Lieblingskollegen, Firmenjubiläen

Ein Schnellsprecher sprach 605 Wörter in knapp einer Minute, sekundengenau

IN FÜNF SCHRITTEN ZUM LEBENSKÜNSTLER

und Ehrungen machen einen zum Teil des Teams und stärken die Rolle im Betrieb.

... erhöhen die Qualität einer Beziehung

Wer jeden Freitag mit Freundinnen zum Weintrinken geht oder morgens im Wald laufend Sauerstoff tankt oder immer um fünf Uhr nachmittags seinen Lieblingstee aufgießt, der baut einen besonderen Bezug zu Menschen oder Dingen auf. Als Teil der rituellen Handlung wird der oder das Gegenüber unersetzlich und wertvoll.

... wechseln den Rhythmus

Die Teezeremonie ist ein Ritual aus dem Zen-Buddhismus. Die spezielle Ästhetik soll den Geist aus dem Alltag herauslösen. Die Konzentration auf die Zubereitung lässt einen neue Kraft schöpfen. In unserem Kulturkreis gibt es ebenso Riten, die den täglichen Rhythmus unterbrechen. Bei den Südeuropäern ist es beispielsweise die Siesta. Aber auch, wer abends immer abwäscht, um abzuschalten, oder Musik hört, der folgt einem individuellen Ritual, das ihn aus dem Arbeitstrott in die Freizeit holt. Angewohnheiten wie Fernsehen nach der Arbeit verstärken die Gleichheit des Rhythmus und haben nicht die entspannende Wirkung des Rituals.

... vermitteln Schutz und Sicherheit

Festliche Rituale sprechen den Instinkt in uns an. Wer an Ritualen teilhat, der hat auch das Gefühl von Kontrolle über das um ihn herum ablaufende Leben. Regeln strukturieren den Alltag, geben Schutz und Sicherheit.

... bannen Angst vor Neuem

Alltägliche Rituale schwächen die Übermacht der unaufhaltbar ablaufenden Zeit. Sie schenken uns sichere Inseln in der Informationsflut. Sie bannen die Urangst vor dem Neuem.

... erleichtern das Leben

Wer täglich mit Krawatte ins Büro geht, stellt sich nicht mehr die Frage nach dem Warum. Es vereinfacht schlicht das morgendliche Anziehen und hilft bei der Kommunikation im Geschäft. Nach dem Anthropologen Arnold Gehlen ist der Mensch zwar intelligent, kann aber die ungeheure Komplexität der Außenwelt schwer verarbeiten. Deshalb sei er fürs Überleben auf

Ein Ritual macht aus alltäglichem Tun Augenblicke des Glücks.

58 *Jahre alt wurde Bertolt Brecht*

2. Schritt: Fokussiere das Wesentliche

Normen und Rituale angewiesen (in »Der Mensch, seine Natur und seine Stellung in der Welt«). Rituale geben Orientierung.

... verwandeln

Hochzeit, Geburt und Tod sind mit Ritualen verbunden, mit Festen oder Gottesdiensten. Rituale symbolisieren den Schritt in einen neuen Lebensabschnitt. Sie helfen, Veränderungen und biographische Übergänge leichter zu bewältigen.

... vermitteln Werte

Bestimmte Handlungen bei Ritualen veranschaulichen die Wertekultur eines Volkes. Heilsrituale der Hindus weisen beispielsweise symbolisch Gewalt zurück. Die jungen Mönche lernen daraus, dass sie Gewalt ablehnen sollen. Wer bei uns kirchlich heiratet, muss vor Gott und der Kirche einen Treueschwur leisten. Dies vermittelt Willensstärke und Beständigkeit als wichtige familienerhaltende Tugenden.

Schaffen Sie sich Rituale

Und zwar für alle vier Lebensbereiche: »Arbeit«, »Beziehungen«, »Sinn«, »Körper«. Machen Sie sich eine Liste, auf der Sie folgende Fragen beantworten:

➤ »Was ist mir in der Arbeit so wichtig, dass ich ein Ritual daraus machen möchte?« Ist es die Beziehung zu Ihren Kollegen, dann bringen Sie jeden Mittwoch Gebäck zur Kaffeerunde mit. Ist es das Vorantreiben eines künftigen Projektes, legen Sie wöchentlich zwei Stunden dafür fest.

Wenn nicht jetzt, wann dann?

Abwarten und Tee trinken

Wenn mal wieder alles ganz dringend ist, die Welt durchdreht und ich mich nach innerer Ruhe sehne, koche ich mir Tee. Sagen wir lieber: Ich zelebriere ihn. Teezubereiten ist ein Ritual. Und Rituale entschleunigen, geben Ruhe und Kraft.

Vor allem Chaoten sollten ihren Tag, ihre Woche, ihr Jahr mit Ritualen strukturieren. Die wöchentlichen Lauf-Halbestunden, der morgendliche Obstdrink. Der Montagmorgenanruf bei der Mutter. Erfolge-Feiern beim Top-Italiener. Markteinkauf am Mittwoch. Entgiftungswoche im Frühjahr ...

➤ Welche Tätigkeit macht Sie oder Ihre Körperzellen glücklich – sodass es sich lohnt, sie wie ein Ritual zu zelebrieren? Machen Sie eine Liste.

➤ »Wie verankere ich für mich Wesentliches, ›Sinn‹ in meinem Alltag?« Wenn Sie mehr »helfen« wollen, dann planen Sie jeden Tag eine kleine gute Tat ein. Wenn Sie bewusster leben wollen, dann meditieren Sie jeden Morgen zwanzig Minuten.

➤ »Was könnte ich meinem Körper Gutes tun?« Wenn Sie sich zu wenig bewegen, dann machen Sie einen Morgenlauf zum

Der Altersrekord bei Schimpansen:

IN FÜNF SCHRITTEN ZUM LEBENSKÜNSTLER

TIPP von Lotta

Lernen von den Vorfahren

Es fällt Ihnen schwer, eigene Rituale zu erfinden? Denken Sie an Oma, an einen Lieblingsonkel. Was hatte sie oder er für Rituale? In jeder Familie gibt es Anekdoten von der Morgengymnastik der Oma, vom Angelausflug des Opas ... Passt eines dieser familiären Rituale zu Ihnen?

Ritual – oder wenigstens jede Treppe, die Sie gehen müssen. Auch die tägliche Schüssel Obstsalat könnte zum Ritual für glückliche 70 Billionen Körperzellen werden.

➤ »Welche Beziehung könnte ich mit welchem Ritual festigen?« Der Spieleabend mit den Kindern, der jährliche Honeymoon mit dem Partner, der wöchentliche Ausritt mit der Freundin – alles Rituale, die Stabilität in Beziehungen bringen. Es fällt Ihnen sicherlich vieles ein.

➤ Und: Beginnen Sie jeden Tag mit einem Ritual. Begrüßen Sie jedes erste Tier, dem Sie begegnen, ob Ameise oder Hund. Und lächeln Sie den ersten Menschen an, der Ihnen begegnet. Suchen Sie sich ein Lieblingscafé. Machen Sie dort sooft Sie können eine Pause, lesen eine Zeitung, die es nur dort gibt. Je regelmäßiger der Cafébesuch ausfällt, desto besser.

Rituale für Manager

Warum klagen viele Führungskräfte darüber, dass viele gute Ideen nicht nachhaltig umgesetzt werden? Warum scheitern viele Fusionen und Übernahmen? Ganz einfach: Es fehlen Rituale, Ankerpunkte für Zugehörigkeit und Rollenidentität im Team ebenso wie für den Umgang mit den oft unvermeidlichen Misserfolgen. Unser Gehirn und erst recht unsere Seele brauchen mehr als dürre Rationalität, sie brauchen Gefühl, Farbe, Bewegung, Gemeinsamkeit und Begeisterung – sie brauchen Rituale.

➤ Geben Sie Meetings einen speziellen Ablauf vor. Drücken Sie Dank und Wertschätzung aus und feiern Sie Teilerfolge.

➤ Organisieren Sie Abschiedsfeiern: Wenn Mitarbeiter von einem anderen Unternehmen übernommen werden oder ganz ausscheiden. Das Gleiche gilt für Willkommensgesten.

➤ Etablieren Sie Flurgespräche zum informellen Austausch, warum nicht mit einer bequemen Sitzecke und einem Getränkeautomat?

➤ Machen Sie Betriebsausflüge: Ein kleiner Betrieb kann einmal im Monat gemeinsam zum Essen gehen. Ich fahre mit meiner Mannschaft jedes Jahr in ein schönes Musical.

➤ Spendieren Sie Fröhlichkeit. Aus dem Radio tönt: Hitzefrei. Sie bestellen eine Runde Eiskaffee für die Mannschaft. Das tun Sie immer an Hitzefrei-Tagen. Was tun Sie an Misserfolgstagen, an Erfolgstagen, an stressigen Tagen …?

2. Schritt: Fokussiere das Wesentliche

Die Formel der cleveren Faulen: Pareto-Prinzip

Stellen Sie sich vor, Sie arbeiten nur noch in 20 Prozent Ihrer Zeit. Und schaffen 80 Prozent dessen, was Sie erledigen müssen. Und könnten sich in der gewonnenen Zeit dem Müßiggang widmen – der Sie noch kreativer und erfolgreicher macht. Funktioniert! Der Gott der cleveren Faulen heißt Vilfredo Pareto (1848–1923). Der italienische Ökonom stellte die Formel auf, dass man mit 20 Prozent dessen, was man tut, 80 Prozent der Ergebnisse erzielt. Das heißt: Mit 20 Prozent Ihrer Arbeit ernten Sie schon 80 Prozent Erfolg. Und mit 80 Prozent Ihrer Zeit erzielen Sie dann nur 20 Prozent des Ergebnisses.

Wie geht das? Ganz einfach. Konzentrieren Sie sich auf die wirklich wichtigen Dinge.

Denn:

■ Mit 20 Prozent der Zeit, die Sie in den Haushalt investieren, erhalten Sie 80 Prozent der Ergebnisse.

■ 20 Prozent der Zeitung enthalten 80 Prozent der Nachrichten.

■ 20 Prozent der Kunden und Waren bringen 80 Prozent des Umsatzes.

■ 20 Prozent der Besprechungszeit bewirken 80 Prozent der Beschlüsse.

■ 20 Prozent der Schreibtischarbeit ermöglichen 80 Prozent des Arbeitserfolgs. Was sind bei Ihnen die 20 und die 80 Prozent? Machen Sie eine Liste.

Konzentrieren Sie sich auf das Wesentliche

Meist erkennen Sie das Wesentliche nicht, weil Sie im Dringlichen ersticken. Kannst du mal schnell … 80 Prozent dessen, was Sie tun, haben andere Ihnen aufgedrückt. »Wenn wir den Unterschied zwischen dem wenigen Wesentlichen und dem vielen Unwesentlichen in allen Aspekten unseres Lebens erkennen und entsprechend handeln würden, könnten wir alles vermehren, was für uns einen Wert darstellt«, sagt Richard Koch, der ein ganzes Buch über das Pareto-Prinzip schrieb. Alles vermehren – Geld, Liebe, Erfolg, Glück, Zeit für die Faulheit. Das meiste, was Sie tun, ist pure Zeitverschwendung, leistet keinen entscheidenden Beitrag zum Resultat. Schön, wenn Ihnen das Verschwenden Spaß macht – aber das tut es in 80 Prozent der Fälle eben nicht. Denn auch das erkennt das Pareto-Prinzip: 80 Prozent unserer Zeit tragen nur 20 Prozent zu unserem Glück bei. Oje.

Nehmen Sie künftig die 80/20-Lupe

➤ Stellen Sie sich ständig die Frage: Was sind die 20 Prozent, die zu den 80 Prozent führen? Die Dinge, die Sie am besten können, mit denen Sie sich auszeichnen, die Ihnen Spaß machen – und mit denen Sie anderen den meisten Nutzen bringen. Da geben Sie. Ansonsten besinnen Sie sich lieber auf Ihre faule Haut. Harte Arbeit führt nur zu mäßigen Ergebnissen. Es kommt nicht darauf an, sich anzustrengen, sondern das Richtige zu tun – oder zu lassen.

Das älteste Pferd aller Zeiten wurde **61**

DIE FAULTIER-STRATEGIE

Das Wichtig-ist-richtig-Programm

Die zweite Häutung auf dem Weg zum Lebenskünstler: Lernen Sie, sich auf das Wesentliche zu besinnen.

Steigern Sie die Nichtstu-Dosis etwas

Nein, Sie kochen kein Ein-Stunden-Ei – so weit sind Sie noch lange nicht. Sie gehen ins Café, ohne Zeitung, ohne Buch. Beobachten Sie eine Stunde lang die Menschen. Erschnuppern Sie die Düfte, freuen Sie sich an den Farben. Tun Sie nichts als herumzusitzen und den Gedanken freien Lauf zu lassen.

Finden Sie heraus, was Ihnen wirklich wichtig ist

Wenn Sie jetzt vier Stunden Zeit hätten, was würden Sie am liebsten tun? Holen Sie sich einen Zettel und einen Bleistift, kauen Sie ein bisschen darauf rum und schreiben Sie es auf. Schmusen, Faulenzen, Schlafen, Torte essen ... Und dann: Wenn Sie jetzt eine Woche Zeit hätten, was würden Sie am liebsten tun? Nachdenken. Aufschreiben. Wenn Sie ein Jahr Zeit hätten? Und die letzte Frage: ein Leben lang? Und nun machen Sie sich Gedanken darüber, was Sie tun und warum Sie nicht tun, was Ihnen wirklich wichtig ist.

Schweigen Sie

Im nächsten Gespräch mit Ihrem Partner oder Freund schweigen Sie einfach. Hören Sie zu. Dann dringt das Wesentliche an Ihr Ohr. Nicken Sie, aber schweigen Sie. Gut, wenn das der Partner auch tut. Lernen Sie die ungewohnte Ruhe zu ertragen. Explodiert Ihr Gegenüber (weil er es von Ihnen nicht gewohnt ist), klären Sie ihn besser auf. Gemeinsam müßig sein ist eine Kunst. Man lernt sie durch Ausprobieren.

Überlegen Sie sich vier Rituale

Suchen Sie sich für jeden Lebensbereich – »Mein Körper, meine Gesundheit«, »Meine Familie, meine Kontakte«, »Meine Arbeit, meine Leistung«, »Meine Antworten auf die Sinnfrage, meine Kultur« – ein Ritual, das Sie künftig in Ihr Leben einbauen werden. Nach dem Schema: Anlass, Motiv, Regeln, Verwandlung. Ein Beispiel: Kultur. *Anlass:* Kontakt mit der Philosophie. *Motiv:* Ich weiß nicht, was ich wirklich will vom Leben.

n. Chr. ließ Kaiser Nero seine Frau ermorden

Das Wichtig-ist-richtig-Programm

Regeln: Täglich 10 Minuten Philosophisches lesen.
Verwandlung: Es entsteht ein Bewusstsein für den Lebenssinn und die persönlichen Ziele.

5
Das Outing mit dem »Bitte nicht stören«-Schild

Zeigen Sie im Büro, dass Sie eine Mutation zum Faulpelz machen. Stellen Sie das Telefon auf eine Kollegin um. Hängen Sie das »Bitte nicht stören«-Schild an die Tür. Und machen Sie Pause. In Form eines Power-Naps (Seite 116) oder wie immer Sie wollen. Ziel ist nur: Sie zeigen, ich bin jetzt faul. Man wird das akzeptieren.

6
Sinnieren Sie über den Kreis

Üben Sie sich doch einfach mal ein bisschen im Philosophieren. »Ich sage immer, das Leben ist ein Kreislauf«, antwortete Isabel Allende in einem Interview des Magazins der »Süddeutschen Zeitung«. »Es spielt sich in Zyklen ab – was man gibt, bekommt man auch irgendwann zurück. Was immer Du für Deine Mitmenschen tust, dieser Mensch oder seine Nachkommen werden es auch für Dich tun.«

Philosophieren Sie in Gedanken über folgende »Kreisläufe«: die Uhr, der Kompass, die Jahreszeiten, das Rad, das Mühlrad, das Windrad, das Antriebsrad, das Zahnrad, die Spirale, die Schraube, das Lenkrad, der Wasserkreislauf, der Blutkreislauf, der Lebenszyklus. Wie viele Kreisläufe haben wir verloren? Wir hämmern auf Tasten, statt die alte Wahlscheibe am Telefon zu drehen. Digitale Zahlen ersetzen die zyklische Bewegung des Zeigers auf der Uhr. Welche Kreisläufe vermissen Sie in Ihrem Leben? Sinnieren Sie ein bisschen darüber.

7
Loslassen, Zeit gewinnen

Lassen Sie los. Tun Sie das künftig mit 80 Prozent Ihrer Aufgaben. Kommen Sie zur Ruhe, arbeiten Sie weniger, konzentrieren Sie sich auf die wirklich wichtigen Dinge. Tun Sie nur das Wesentliche. Lassen Sie das 80/20-Prinzip für sich arbeiten. Denn wenn Sie nur 20 Prozent Ihrer Zeit richtig einsetzen, wird es Ihnen an Zeit niemals mehr mangeln. Der Weg dazu: Machen Sie sich eine Liste.

Suchen Sie nach den Erfolgen, die Sie mit einem günstigen Zeit-Nutzen-Verhältnis erzielt haben. Aufschreiben. Vergleichen. Steckt ein Prinzip dahinter? Tun Sie das Gleiche mit Ihren Misserfolgen.

Und dann mit den Zeiten, in denen Sie so richtig glücklich waren.

Rosanna de la Corte hat als erste Frau in diesem Alter noch ein Kind geboren – mit

3. Schritt:
Vereinfache das Leben

Das Faultier lebt ein ziemlich einfaches Leben. Sitzt da auf seinem Baum, kommt einmal die Woche runter, um sein einziges Geschäft zu erledigen – und wartet ansonsten einfach nur, bis ihm die Blätter in den Mund wachsen oder ihm ein Faultier-Partner begegnet. Kein Stress, keine (Schnäppchen-)Jagd, keine Angst, dass ihm irgendjemand irgend etwas wegnimmt. Das ideale Bild eines Aussteigers, eines Konsumkritikers. Im Grunde für Philosophen ein gefundenes Fressen.

Sicher kennen Sie den berühmten Diogenes in der Tonne. Ein Kyniker. »Kyon« bedeutet im Griechischen »Hund«, und wie ein Hund lebte nach Auffassung seiner Zeitgenossen Diogenes von Sinope (412–323 v. Chr.). Er richtete sich in einer Tonne häuslich ein.

Weniger ist mehr

Die Kyniker formulierten sozusagen als Erste die Lebensmaximen der Aussteiger und Konsumkritiker: Abhängigkeit – materielle ebenso wie geistige – mache unglücklich und unfrei. Wer nichts hat und nichts braucht, dem kann auch nichts genommen

64   n. Chr. war der Brand von Rom und der Beginn der Christenverfolgung

3. Schritt: Vereinfache das Leben

werden. Als Diogenes sah, wie ein Knabe mit bloßen Händen Wasser aus einer Quelle schöpfte, warf er seinen Becher als überflüssiges Besitztum fort.

Besitzgier kommt vor dem Fall ...

Eines Tages fragte ihn der Feldherr Alexander der Große, welchen Wunsch er ihm erfüllen könne. Diogenes antwortete aus seiner Tonne heraus: »Geh mir aus der Sonne.« Nun fragt man sich: Wer von beiden hat sein Leben besser genutzt? König Alexander, der in wenigen Jahren ein Weltreich eroberte und bis nach Indien vorrückte? Der wegen seines meuternden, stark dezimierten Heeres umkehren musste und beim Rückmarsch in Babylon mit 33 Jahren an einem Fieber starb – und nur wegen des frühen Todes nicht mit ansehen musste, wie sein Riesenreich innerhalb weniger Jahre wieder zerfiel? Oder Diogenes, der das für seine Zeit außergewöhnliche Alter von 89 Jahren erreichte und mit seinen provokanten Sprüchen ebenso berühmt wurde wie sein König für seine Kriegszüge – ohne den Tod eines einzigen Menschen verschuldet zu haben?

Noch heute übt sein Vorbild Faszination auf freiwillige Aussteiger aus.

Leichten Schrittes Richtung Müßiggang

Nun, man muss ja nicht übertreiben und in eine Tonne ziehen. Aber Smart Living, clever leben, Ballast abwerfen, lohnt sich schon, denn dann lebt es sich wirklich leichter. Das ermöglicht weitere federnde Schritte in Richtung Müßiggang.

Smart Living: Weg mit dem Ballast

Sehnen Sie sich auch manchmal nach ganz einfachen Dingen? Ein derber Eichentisch mit einer Platte Käse, ein paar Oliven, eine gute Flasche Wein. Unter dem Sternenhimmel schlafen. Barfuß durch eine Wiese laufen. Ein schönes altes Telefon mit einer runden Wählscheibe – ohne den Technikfirlefanz, der einen wahnsinnig macht. Ein schön geordneter Kleiderschrank, aus dem einem der Inhalt nicht entgegenquillt.

Je komplexer unser Leben, desto größer unsere Sehnsucht nach Einfachheit. Und diese wirkt auf uns unglaublich befreiend. Denn wir häufen so viel Ballast um uns an, dass er uns den Atem nimmt.

Sokrates (469–399 v. Chr.), einer der bedeutendsten antiken Philosophen, wusste auch, dass nur der entspannt genießen kann, der aus den Gegebenheiten des Lebens Weniges, Wesentliches auswählt. Beim Gang über den Markt von Athen soll er gesagt haben: »Ich sehe mit Freude, wie viele Dinge es gibt, die ich nicht benötige.«

So auch Lagerfeld

Karl Lagerfeld schreibt in seinem Buch »Die 3D-Diät«: »Ich befand mich in einer Phase der Veränderung und Erneuerung. Adieu meine wunderschöne Möbelsammlung aus dem 18. Jahrhundert; ich hatte sie durch Versteigerung auflösen lassen! Adieu, japanische Kleidung, die mir zehn Jahre treue Dienste geleistet hat! Adieu auch zu

Backzeit eines Marmorkuchens in Minuten: **65**

IN FÜNF SCHRITTEN ZUM LEBENSKÜNSTLER

den überflüssigen Kilos. Willkommen modernes Mobiliar und einfacher, nüchtern-klarer Dekor, der sich auf das Wesentliche richtet. Willkommen auch Heiterkeit und Entlastung von allen Problemen!« Karl Lagerfeld befreite sich von äußerem Ballast, um Heiterkeit zu gewinnen. Und dann verlor er auch 42 Kilo. »In Wirklichkeit ist mein Gewichtsverlust nur die äußere Seite einer inneren Umwälzung, die das, was ich schon immer gedacht habe, mit meinem Körper in Übereinstimmung bringt. Meine Künstlerseele soll sich auch in dem Körper eines Künstlers befinden, nicht in dem eines Advokaten.«

Weniger Besitz, weniger Sorgen

➤ Ent-sorgen Sie Ihr Leben, steuern Sie »smart living«, ein clevereres Leben an. Beginnen Sie mit den Besitztümern, für die Sie nur schuften müssen, die Ihnen vielleicht irgendwann mal Spaß gemacht haben, aber jetzt nicht mehr. Das beginnt beim Nippes, den Sie abstauben müssen, und endet bei der Eigentumswohnung, die beim Fiskus kaum mehr was bringt, dafür ständig Ärger mit den Mietern.

Weniger konsumieren

Viele Konsumgüter haben zwei Seiten. Beispiel Auto: Es verschafft Ihnen unabhängige Mobilität. Aber es kostet viel Geld und einiges an Zeit: Anschaffung, Werkstatt-Termine, Versicherung, Tanken … Stellen Sie gedanklich eine Nutzen-Kosten-Bilanz

---

Wenn nicht jetzt, wann dann?

Ent-sorgen Sie täglich

➤ Betrachten Sie künftig Wegwerfen als etwas ebenso Selbstverständliches wie Kaufen. Vereinbaren Sie mit sich selbst, ab heute jeden Tag konsequent ein, zwei oder drei Dinge aus Ihrer Wohnung oder Ihrem Büro in den Abfall zu verbannen – so wie Sie bisher fast jeden Tag etwas gekauft haben. Auch wenn es Ihnen anfangs schwer fällt – die meisten Menschen gewöhnen sich sehr schnell daran. Es ist normal, wenn Sie beim Wegwerfen gelegentlich Gefühle von Unsicherheit oder Wehmut spüren. Trennungsschmerz gehört zu Ihrem Leben wie die Freude über neu erworbene Dinge. Betrachten Sie dies nicht als Zwang, sondern als natürliche Lebenseinstellung.

---

auf, die nicht nur die finanzielle Belastung, sondern auch Zeitaufwand, Sorgen und Ärger dem tatsächlichen Nutzen gegenüberstellt. Geben Sie sich dann eine ehrliche Antwort, ob das Konsumgut sich für Sie wirklich rentiert. Eine solche Bilanz lohnt nicht nur für technische Geräte, Garten und Wochenendhäuser, sondern auch für jeden anderen Aufwand – freiwillige

3. Schritt: Vereinfache das Leben

Überstunden für die Karriere, Treffen mit anstrengenden Freunden, Abonnements von Zeitungen, Theaterkarten, Fitness-Vertrag und vieles mehr.

Prioritäten setzen

Was bringt Ihnen wirklich Entspannung und Genuss? Den meisten Menschen fällt es schwer, diese Frage ehrlich zu beantworten, weil sie den Genuss dort suchen, wo nach üblicher Meinung jedermann Genuss finden sollte. Etwa beim Mallorcaurlaub, beim Erwerb eines Eigenheims oder bei rauschenden Partys bis früh um vier.

➤ Beobachten Sie sich. Finden Sie heraus, ob Ihnen andere Dinge nicht viel mehr Freude bereiten. Zum Beispiel stundenlang auf dem Sofa vor sich hin träumen, in alten Fotos kramen, zaubern oder in einem Zug ans Herz gehende Liebesromane schmökern. Was es auch sei: Nehmen Sie sich viel Zeit dafür. So viel, dass Sie nicht wegen des nächsten Termins dauernd auf die Uhr schauen müssen.

Alle anderen Dinge, die Sie nur tun, weil »man« sie eben tut, lassen Sie wenigstens für eine Woche ausfallen. Beobachten Sie, wie Sie sich dabei fühlen. Wenn Ihnen die Veränderung gut tut, verändern Sie Ihre Prioritäten auf Dauer.

Innere Freiheit finden

Streben Sie nach Erfolg, Reichtum, Beliebtheit und Anerkennung? Was wir unternehmen, um diese Ziele zu erreichen, gehört zu den gefährlichsten Stressfaktoren unserer Zeit. Eine neue Studie in der USA zeigt,

Für jedes Besitztum, das man anschleppt, muss man schuften. Ballastabwerfen heißt auch Ent-sorgen.

dass die Leute dort dreimal so viel verdienen wie vor 40 Jahren. Glücklich fühlen sich aber nur 30 Prozent – heute genauso wie damals.

Die Kunst heißt: loslassen. Weniger äußerer Erfolg bringt oft mehr Glück, wenn Sie dafür die Möglichkeit gewinnen, Ihr Leben frei zu gestalten und nur Dinge zu tun, die Ihnen wirklich Spaß machen.

Mit 82 Jahren heiratete das Paar mit der längsten Verlobungszeit (in Jahren):

IN FÜNF SCHRITTEN ZUM LEBENSKÜNSTLER

Zeitfresser Zeitung

Die Zeitung und das Zaubern

Mensch, dachte ich vor ein paar Jahren, ich möchte zaubern lernen. Das ist zwar eine ziemlich unsinnige Tätigkeit, weil man ziemlich viel Zeit investiert – und heraus kommt eine Illusion. Aber es macht Spaß. Und manchmal auch Sinn …

Bei einem Gastspiel einer Kleinkunstbühne in Mainz sah ich, wie ein Zauberkünstler ein Glas Wasser in eine Zeitung goss und ganz einfach verschwinden ließ. Das verblüffte mich und machte mich zugleich nachdenklich: Ist Zeit nicht flüssig wie Wasser, und fließt sie uns nicht gleichfalls einfach davon? Verbringen wir nicht viel zu viel Zeit mit dem unnützen Lesen der »Zeit«ung? Ist die Unmenge seitenfüllender Nachrichten, ob aus Politik, Wirtschaft, Sport, Feuilleton, am nächsten Tag oder in einer Woche und in einem Monat überhaupt noch wichtig?

Wie die Zeitung die Zeit schluckt

Auf meinem Schreibtisch steht ein Spruch von Richard Carlson, Bestsellerautor und führender Lebenshilfeexperte aus den USA, der lautet: »Ask yourself: Will this matter a year from now?« Ich frage mich also: Ist das, was in der »Zeit«ung steht, in einem Jahr noch wichtig? Ich beschloss, das »Zeit«ung-Lesen drastisch zu reduzieren und mehr Zeit für Aktivitäten zum Wohle meiner Lebensbalance (Seite 20) zu gewinnen. Und ich zaubere: Ich lasse das Glas Wasser als Metapher für die Zeit in der aktuellen Tageszeitung verschwinden, drehe die Zeitung auf den Kopf und blättere Seite für Seite vor meinen Seminarteilnehmern durch. Das Wasser beziehungsweise die »Zeit« ist weg.

Und schwupps – da ist sie wieder …

Dann nehme ich vier Sektgläser und hole die Zeit einfach wieder zurück, indem ich sage: Oft sind es die kleinen Dinge des Alltags und die konkreten Schritte, die uns weiterbringen:

➤ Wenn ich zum Beispiel täglich 40 Minuten durch unnützes Lesen von »Zeit«un-

Zeitung schluckt Zeit – die man statt in negative Schlagzeilen besser in die Muße investiert.

68 *Jahre alt wurde ein Methusalem unter den Uhus*

3. Schritt: Vereinfache das Leben

gen oder »Zeit«schriften einspare und stattdessen für den Lebensbereich Körper nutze, 10 Minuten Stretching- oder Muskel-Übungen mache, habe ich mehr Zeit- und Lebensqualität.

➤ Wenn ich für den Bereich Leistung/Arbeit etwa 10 Minuten englische Vokabeln pauke oder die Hilfemenüs von Word oder Powerpoint studiere, bringt mich das ein Stück weiter.

➤ Wenn ich nur 10 Minuten im Bereich Kontakt investiere, um meinem Partner aktiv zuzuhören (Ehepaare reden Untersuchungen zufolge durchschnittlich 8 Minuten täglich miteinander!), verbessere ich meine Beziehung.

➤ Und wenn ich 10 Minuten die Muße küsse, stärke ich den Sinn-Bereich.

... vielfarbig und in Balance

Der nächste Step in meinem Zeit-Zaubertrick vor den Seminarteilnehmern sieht so aus: Ich nehme die »Zeit«ung, falte und kippe sie und lasse das Wasser, das zuvor entschwunden war, magisch verwandelt wieder zurückfließen: gelbes Wasser in das erste Sektglas für den Lebensbereich Körper, schwarzes Wasser in das zweite Sektglas für den Bereich Leistung/Arbeit, rotes Wasser in das dritte Sektglas für den Bereich Beziehung/Partnerschaft und blaues Wasser in das vierte Sektglas für den Lebensbereich Sinn.

Und so stehen dann am Schluss auf einem Bistro-Tisch vier Sektgläser, gefüllt mit anderen, farbigen »Zeit«inhalten – und alles ist wieder in Balance.

TIPP von Lotta

Machen Sie den Zeitungs-Test

➤ Sie meinen, das Dringende sei wichtig? Machen Sie bei Gelegenheit folgenden Test: Knöpfen Sie sich nach einem Urlaub alle Tageszeitungen und Magazine vor, die sich angesammelt haben. Tun Sie das so intensiv wie sonst auch.

Nach kurzer Zeit langweilt Sie der Schnee von gestern. Wie wichtig ist nun das, was so dringend war, dass man es uns auf allen Kanälen pausenlos berichten musste? Recyclingpapier, Kaminanzünder, Pappmachématerial für den Kindergarten. Ach, Sie lesen stundenlang mit Vergnügen? Dann aber bestimmt keine Börsenkurse. Keine Sportergebnisse. Keine Nachrichtenseiten.

Das, was Sie mit Interesse lesen, sind die Hintergrundberichte, tief gründelnden Analysen und spannenden Reportagen – all das, was eine Zeitung, eine Zeitschrift jenseits der Aktualität wertvoll macht (und was Sie sonst das ganze Jahr über keines Blickes würdigen).

Frage: Wohin also wollen Sie künftig blättern, wenn Sie die Zeitung aufschlagen? Oder brauchen Sie sie überhaupt jeden Tag?

Das Vier-Kaiser-Jahr in Rom endete im Jahr (n.Chr.)

IN FÜNF SCHRITTEN ZUM LEBENSKÜNSTLER

Ergreifen Sie Ihren Lebensraum

Was macht Ihr Leben aus? Arbeit, Freizeit, Familie, Erledigungen, soziale Pflichten … Zwischen diesen Aufgaben reiben wir uns auf. Und fragen uns: Wie soll ich das alles unter einen Hut kriegen? Meine Antwort: Gar nicht! Dafür ist kein Hut groß genug. Jetzt geht es darum, Ballast abzuwerfen. Nur das Wichtigste bleibt übrig. Und Zeit für Muße.

Das Schloss Ihres Lebens

Manchmal kommt mir unser Leben vor wie ein englisches Landschloss mit zahllosen Zimmern, für jede Tätigkeit eines: Esszimmer, Rauchzimmer, Boudoir, Bibliothek … Früher wurde so ein Schloss von Butlern, Dienern, Chauffeuren bewirtschaftet. Heute kann sich das kaum einer leisten, die Kinder sind aus dem Haus, die Räume stehen still – was bleibt Seiner Lordschaft übrig? Sosehr man sich auch bemüht, das Anwesen in Gang zu halten: Die Vorhänge vermodern, das Tafelsilber erblindet, alles verkommt. Bis die verzweifelte Herrschaft sich entschließt, nur noch jene Räume in Betrieb zu halten, die für ihr heutiges Leben wirklich wichtig sind – die anderen werden vernünftig in Ordnung gebracht, dann stillgelegt und abgesperrt. Und auf einmal können Mylady und Mylord ihr Gemäuer wieder genießen; der Flügel, den sie bewohnen, lebt auf.

So geht es uns mit den vielen Verpflichtungen, die wir übernommen haben und mit denen wir uns übernehmen: Dutzende von Leuten, die Raum beanspruchen, Dutzende von Aufgaben, die unser Bestes fordern, keiner werden wir wirklich gerecht. Wir möchten unser Lebenshaus mit unserer Persönlichkeit erfüllen – und schaffen es, gerade zurechtzukommen, weit unter unserem Niveau. Kommt Ihnen das bekannt vor? Nie das Gefühl, Herr des Geschehens zu sein, nie die Befriedigung, wirklich das Beste zu leisten, oft das Gefühl, geschätzte Menschen zu enttäuschen? Unsere Zeitprobleme im Leben entstehen nie aus der Sache. Sondern weil wir zu viele Räume gleichzeitig bewirtschaften wollen.

1. Schritt: Lebensräume kennen lernen

➤ Wenn Sie so ein Schloss erbten, würden Sie nicht erst prüfen, was Sie brauchen nach Ihren heutigen Bedürfnissen? Und sich des Restes entledigen – stilllegen, verpachten, abreißen? Zuerst einmal schauen Sie sich nüchtern um: Wo tragen Sie Verantwortung? Was wird Ihnen zu viel?

Schon im Beruf können das mehrere Parts sein: Verkaufsleiter, Mitarbeiter, Führungskraft, Arbeitskreismitglied, Verbandsfunktionär … Auch im Privatleben spielen Sie diverse Rollen: (Ehe-)Partner, Mutter/Vater, Freund, Nachbar, (Ver-)Mieter, Nachhilfelehrer …

Notieren Sie minutiös jeden Raum, in dem Sie sich abrackern. Und bewerten Sie: Ist Ihnen das angenehm, welche Rolle wollen oder müssen Sie unbedingt ausfüllen?

70 *Jahre wurde Richard Wagner alt*

3. Schritt: Vereinfache das Leben

2. Schritt: Lebensraum verdichten

➤ Nun definieren Sie das Raumprogramm neu: Sperren Sie all die überflüssigen Zimmer ab, in denen Sie sich nicht wohl fühlen und aus denen Sie sich relativ leicht zurückziehen können (zum Beispiel Schriftführer im Verein). Prüfen Sie einzeln: Was passiert, wenn ich hier einfach aussteige? Und legen Sie diese Aufgabe binnen der nächsten 72 Stunden ab.

3. Schritt: Lebensraum neu entfalten

➤ Wählen Sie höchstens sieben Räume aus, die Sie aktiv beleben wollen. Der Sinn dieser Beschränkung liegt darin, dass Sie sich verpflichten, diese Räume nach besten Kräften zum Leuchten zu bringen und gemütlich zu machen. Viele Lebensräume ergeben sich von selbst:

- Mutter- oder Vaterschaft,
- Ehe oder Partnerschaft,
- die berufliche Hauptaufgabe,
- eventuell eine Führungsrolle,
- soziale Pflichten (Verein, Gemeinde),
- ein intensives Hobby,
- ein zeitlich befristetes Projekt: Hausbau, Abendstudium, Wahlhelfer, Buchautor …

Sie sehen: Die Zahl 7 ist schnell voll – und jeder dieser Räume hat mit Menschen zu tun. Und Sie ahnen: Jeden Raum optimal zu nutzen, wird nicht einfach sein – aber sehr befriedigend. Eiserne Regel: Eines dieser Zimmer sollte für Sie persönlich reserviert sein.
Notieren Sie Ihre sieben Lebensräume auf ein Blatt Papier.

Stellen Sie sich Ihr Leben vor als ein Schloss mit vielen Räumen. Trennen Sie sich von den Räumen, die Sie nicht mit Glück, Sinn und Leben anfüllen können.

4. Schritt: Lebensraum erfüllen

➤ Nun mischen Sie sich ins Konzept jedes Raumes ein, bestimmen die Einrichtung selbst. Fragen Sie sich und schreiben Sie es auf: Was heißt es *konkret,* ein guter Lebenspartner zu sein, ein guter Vater, Verkaufsleiter, Vereinsvorsitzender …?
Betrachten Sie im Geiste sich und die anderen Leute in jedem Zimmer: Was wäre das Beste, was Sie jetzt, in einem Monat, in einem Jahr zur Verbesserung beitragen können?
Was Sie soeben getan haben: die Verantwortung für Ihr Leben übernommen. Sie haben Ihr Haus bestellt und Ihre Lebensräume gestaltet. Und damit werden Sie Zeit finden für sich, für den Müßiggang.

Vespasian feierte den Sieg über die Juden im Jahr (n. Chr.)

IN FÜNF SCHRITTEN ZUM LEBENSKÜNSTLER

Ent-lasten Sie Ihren Körper

Sie wollen wie das Faultier herumhängend die Leichtigkeit des Seins genießen. Dann werfen Sie Ballast ab. Übergewicht drückt auf Körper und Seele. Es macht krank und raubt Ihnen Lebenszeit. Männer haben 17,5 Milliarden Fettzellen, Frauen 21,4 Milliarden. Das ist normal. Nur: Fettzellen können sich auf das Tausendfache füllen. Und auch noch im Erwachsenenalter vermehren. Die faule Fettzelle gibt ihr Fett ungern wieder her. Und sie hortet zudem Gifte, die den Menschen müde, schlapp und ungenießbar machen. Nun steht in unseren Genen: Für den Winter muss man Fett horten. Und aus Festtagsbraten und Plätzchenteller legt der Körper ganz natürlich seinen Jahresring an. Damit nicht Jahr für Jahr die Hüfte wächst – und den Geist träge macht –, erfanden viele Kulturen für das Frühjahr eine Form des Fastens. Als Reinigung von Körper und Seele.

Der frühchristliche Mönchsvater Poimen (geboren ca. 340) beschrieb das Fasten folgendermaßen: »Das Fasten gibt der Nacht die Ruhe des Schlafes zurück, dem Gebet seine Lauterkeit. Das Fasten ist ein Licht der Seele, die Wache des Geistes, die Erleuchtung des blinden Herzens, die Tür zur Einsicht über sich selbst, die Ursache eines erholsamen Schlafes, das Heil des Leibes, der Urheber der ewigen Ruhe, die Nachlassung der Sünden, das Tor zur Seligkeit des Paradieses.« Was wollen Sie mehr?

Frühjahrsreinigung

Stress, Kaffee, Medikamente, Fleisch, Alkohol, Süßes und Limonaden machen den Körper sauer. Um sich vor Übersäuerung zu schützen, produziert er Salze: die Schlacken. Übersäuerung und Schlacken lösen Stoffwechselkrankheiten aus wie Rheuma, Allergien, Migräne, chronische Müdigkeit. Durch eine Fastenkur entgiften und entschlacken Sie Ihren Körper, tanken Energie und klären den Geist – und ganz nebenbei können Sie 3 bis 5 Kilo in der Woche verlieren. Und Gesundheit gewinnen.

Entgiften mit altindischen Weisheiten

Es gibt verschiedene, bewährte Fastenmethoden (Buchtipps Seite 124). Ich mache jedes Frühjahr vierzehn Tage lang eine Ayurveda-Kur. Ayurveda ist die älteste Heilkunde der Menschheit und kommt aus Indien. Die Entgiftungstherapie namens Panchakarma reinigt, verjüngt, entschlackt und revitalisiert. Dazu dienen unter anderem Ölmassagen, Dampfbäder, Darmsanierung, individuelle Ernährung und Yoga-Entspannungstechniken. Das holt mich aus dem Winter und hievt mich über die Frühjahrsmüdigkeit. Tankt mich mit Energie voll für das ganze Jahr. Und ich genieße es sehr, zwei Wochen lang Faultier zu sein und mich rundum verwöhnen zu lassen.

Nähere Informationen über alle Gesundheitszentren und Ayurveda-Ärzte in Deutschland, Österreich und der Schweiz erhalten Sie über die Deutsche Gesellschaft für Ayurveda e.V.: *www.ayurveda.de*

Jahre regierte Ludwig XIV. von Frankreich

3. Schritt: Vereinfache das Leben

Ent-spannen Sie die Muskeln

Sie wollen so richtig e-n-t-s-p-a-n-n-e-n. Ja? Dann sollten Sie die Progressive Muskelentspannung nach Jacobson ausprobieren – und Sie werden den Alltag bald gelassener und selbstbewusster managen (Buchtipp Seite 124). Das Besondere: Einzelne Muskelpartien werden erst angespannt, dann plötzlich entspannt. Das, so entdeckte Jacobson, entsorgt Stresshormone wie das Adrenalin. Folgt man seinen Anleitungen regelmäßig, gelangt man immer leichter und schneller in bodentiefe Entspannung. Das nennt Jacobson »Verankern«.

➤ Man braucht: Zeit, eine weiche Unterlage, bequeme Kleidung. Verwandeln Sie sich in 30 Minuten zum relaxten Faulpelz.

Für warme, schwerelose Füße

1. Legen Sie sich auf den Rücken auf eine warme, nicht zu weiche Unterlage.
2. Machen Sie eine Zehenfaust. Versuchen Sie, die Zehen so weit wie möglich in Richtung Fußsohle zu krümmen, anspannen.
3. Die Spannung einige Sekunden halten, plötzlich lösen. Spüren Sie, wie die Füße warm werden?
4. 2 Minuten Pause. Wiederholen.

Für die Oberschenkelmuskeln

1. Drücken Sie die Knie durch und heben Sie die Beine etwa 10 cm vom Boden ab.
2. Spannen Sie die Oberschenkelmuskeln mit aller Kraft 2 bis 4 Sekunden lang an.

Wer regelmäßig seine Muskeln entspannt, von den Zehenspitzen bis zur Stirn, tankt innere Ruhe, Gelassenheit und Selbstbewusstsein.

3. Lassen Sie jetzt die Beine plötzlich auf die Unterlage fallen.
4. 2 Minuten Pause, dann wiederholen.

Fürs Gesäß

1. Kneifen Sie die Pobacken 2 bis 4 Sekunden lang so fest zusammen, dass sich das Becken vom Boden abhebt.
2. Plötzlich loslassen. 2 Minuten nachspüren. Wiederholen.

Für lockere Bauchmuskeln

1. Strecken Sie den Bauch so weit heraus, wie Sie können. 2 bis 4 Sekunden halten.
2. Abrupt lösen. 2 Minuten nachspüren. Gluckst es in Ihrem Magen oder Darm? Gut so.
3. Übung wiederholen.

IN FÜNF SCHRITTEN ZUM LEBENSKÜNSTLER

Für einen entspannten Rücken

1. Stellen Sie die Beine auf. Drücken Sie die Rückenmitte auf die Unterlage. Becken, Schultern und Arme heben dabei vom Boden ab.
2. Halten Sie diesen »Buckel« 2 bis 4 Sekunden. Lösen Sie ihn plötzlich. 2 Minuten Pause. Wiederholen.

Für einen weiten Brustraum

Nicht für Asthmatiker geeignet.
1. Holen Sie tief Luft und weiten Sie den Oberkörper. Halten Sie diese Spannung 2 bis 4 Sekunden.
2. Lösen, Pause, Wiederholung.

Für lockere Schultern

1. Arme anwinkeln. Die Schultern so weit wie möglich nach vorn zur Brust ziehen. Anspannen, locker lassen.
2. Dann die Schulterblätter zusammendrücken. Dabei hebt sich der Körper leicht vom Boden ab. Anspannen, entspannen.
3. Die Schultern kräftig zu den Ohren hochziehen, Spannung halten, lockern.
4. 2 Minuten Pause. Die Schwere des Körpers spüren.

Für einen entspannten Bizeps

1. Ballen Sie Ihre Hände zu Fäusten. Ziehen Sie die Fäuste gegen die Oberarme. Spannen Sie dabei Ihre Oberarmmuskeln 2 bis 4 Sekunden lang an.
2. Lassen Sie Ihre Arme wieder auf die Unterlage fallen. Nachspüren, wiederholen.

Grimassenübung gegen Falten

1. Ziehen Sie die Augenbrauen hoch und reißen Sie die Augen und den Mund auf. Halten. Loslassen. 2 Minuten Pause.
2. Augen zukneifen, Nase rümpfen. Halten. Loslassen. 2 Minuten Pause.
3. Schauen Sie verärgert: Stirn in Falten legen, mit dem Mund eine Schnute machen. Halten. Loslassen. 2 Minuten Pause.

Schlussübung für den ganzen Körper

1. Spannen Sie alle Muskelgruppen, die Sie trainiert haben, gleichzeitig an. Beine anheben, Arme zur Schulter hin anwinkeln. Der Oberkörper ist aufgerichtet, nur der Po liegt auf der Unterlage. Zehen zum Körper ziehen, Grimasse schneiden.
2. Lösen Sie die Spannung abrupt. Diese Übung brauchen Sie nicht zu wiederholen.
3. Räkeln Sie sich. Jetzt fühlen Sie sich fit und tatendurstig.

In der Schlussübung spannen Sie alle Muskelgruppen gleichzeitig an.

3. Schritt: Vereinfache das Leben

Ent-lasten Sie das Gehirn

Unser Gehirn arbeitet nicht anders als vor 20 000 Jahren. Es will einfach nur Ereignisse verknüpfen. Früher simpel: Es knackt im Gebüsch – Säbelzahntiger kommt. Und heute: Es hupt, das Kind brüllt, das Radio erzählt von Schmiergeldaffären, das Handy spielt Beethovens Neunte, der Staubsauger spricht ... Alles ist furchtbar komplex. Alle zehn Monate verdoppelt sich die Informationsflut.

Sodass die amerikanischen Arbeitsmediziner eine neue Zeitrechnung aufstellten: das Web-Jahr. Sie sagen: Ein Jahr vernetzt zu arbeiten, entspreche einer Belastung von früher drei normalen Arbeitsjahren.

Armes Gehirn. Nun. Im Grunde möchte es die faultierische Ruhe auf der Spitze eines 30 Meter hohen Baumes genießen.

Sie können die Welt nicht per Knopfdruck ausschalten. Aber Sie können Ihr Gehirn wenigstens ab und zu ein wenig entlasten.

➤ Eine Technik, die dem Gehirn sehr hilft, die Infoflut zu meistern, ist das Mind-Mapping (Seite 42). Es ordnet komplizierte Gedankengänge und liefert dem Gehirn die einfachen Muster (Knacken – Gefahr), die ihm immer noch am liebsten sind.

➤ Meditation lässt den Geist für eine Weile ganz abschalten (Seite 95).

➤ Gönnen Sie Ihrem Gehirn kleinere und größere Pausen. Alle 90 Minuten ein Break, mittags Siesta, die Wochenenden – und: Urlaub! Mindestens 2 Wochen am Stück.

TIPP von Lotta

Macht Urlaub wirklich dumm?

Professor Dr. Detlef Rost, Intelligenzforscher an der Uni Marburg, sagt: Nein.
Alle Sommer wieder kurz vor Urlaubsbeginn dürfen wir in der Zeitung lesen: »Urlaub macht dumm.« Ein Erlanger Forscher hat angeblich herausgefunden, dass der Intelligenzquotient nach drei Wochen Faulenzen um bis zu 20 Punkte sinken kann. Professor Detlef Rost räumte im Magazin der »Süddeutschen Zeitung« mit dem Unsinn auf: »Diese Größenordnung ist hirnrissig. 20 IQ-Punkte – das wäre ein Schwund, wie er in der ganzen Psychologie noch nicht einmal bei Krankheiten beobachtet wurde. Wenn jemand drei Monate krank ist und sich der Schwund linear fortsetzen würde, könnte der Patient danach nicht mal mehr einfachsten Instruktionen folgen. Wenn in den Ferien ein IQ-Abbau stattfindet, ist er klein. Es geht vielleicht um einen Dreiviertel-Punkt. Das ist weitaus weniger als der Fehlerbereich eines IQ-Tests.«

Also: Genießen Sie Ihren Urlaub. Faulsein ist Erholung für das Gehirn. Und Voraussetzung für Kreativität. Schriftsteller suchen übrigens oft die Urlaubsatmosphäre, da entstehen die besten Bücher.

Maximale Tauchzeit eines Pottwals (in Minuten):

IN FÜNF SCHRITTEN ZUM LEBENSKÜNSTLER

Entrümpeln Sie den Schreibtisch

»Der Mensch ist ein Jäger und Sammler.« Das kann jeder nachvollziehen, der durch unsere Büros geht und die Schreibtische anguckt. Was sich da so alles in, um und auf dem Schreibtisch ansammelt …

Ist der Schreibtisch das Zentrum Ihres Arbeitslebens? Wenn Sie ihn in den Griff bekommen, läuft alles andere wie von selbst.

Im Chaos verzettelt

Neben dem Hang zum »kreativen Chaos« gibt es eigentlich nur einen triftigen Grund, einen Schreibtisch zur Müllhalde verkommen zu lassen: die Angst, etwas, das noch zu erledigen ist, zu vergessen (»aus dem Auge – aus dem Sinn«). Alles, was ich um mich herum auf dem Tisch gestapelt habe, kann nicht verloren gehen.

Nur: Volltischler haben's nicht leicht. Jedes Blatt Papier, Poststück, jede Postkarte, jedes Magazin, jede Notiz auf dem Arbeitsplatz stellt einen unmittelbaren Umweltreiz dar, auf den unser Gehirn reagiert. Auch wenn wir alle diese Dinge bewusst nicht wahrnehmen, so werden sie doch registriert und verarbeitet. Es werden so genannte Aufmerksamkeitseinheiten gebunden, die unsere Arbeitsenergie, sprich unsere Motivation und Konzentrationsfähigkeit, blockieren. Wir »verzetteln« uns.

Hinzu kommt das Maulwurf-Syndrom: Man erstickt in Papierbergen, ist ständig auf der Suche nach Notizen und Informationen, die in irgendeinem Papierstapel verborgen sind, und beginnt, seine Hügel immer wieder durchzuwühlen, umzuschichten und neues Material aufzuwerfen. Wichtige Aufgaben werden oft nur hektisch und meist in letzter Minute erledigt.

Erfolgreiches Schreibtisch-Management kennt nur eine richtige Lösung

Auf die Arbeitsplatte gehören nur die Unterlagen des Vorgangs, an dem gerade aktiv gearbeitet wird. Strenge Verfechter der Methode »Leertischler« postulieren sogar, dass auf dem Schreibtisch selbst Telefon, Organizer, Büro-Butler, Zettelkasten nichts zu suchen haben. Diese werden auf ein Sideboard oder in die Schubladen verbannt.

Ist der Vorgang erledigt, findet der staunende Betrachter eine blanke Platte vor. Doch gut ist besser als perfekt. Perfektionismus killt jede Kreativität. Nur: Wie gelangt man vom überhäuften Schreibtisch zum Zustand eines freien Arbeitsplatzes? Hierzu schlage ich Ihnen als Sofortmaßnahme den totalen Rundumschlag nach dem 3-Stufen-Prinzip vor. Das kann durchaus mehrere Stunden oder länger dauern.

Vom Voll- zum Leertischler

Reservieren Sie einen freien Nachmittag oder Samstag – eventuell mit einem Büro- oder Lebenspartner. Dann legen Sie los. Und zwar ackern Sie sich durch alles, was um den Schreibtisch herum, in und auf ihm liegt. Dies können sein: unvollendete

76   Jahre alt wurde Albert Einstein

3. Schritt: Vereinfache das Leben

oder aufgegebene Projekte, unerledigte Ablage, ungelesene Zeitschriften, Prospekte, Papierkram, Notizen, Post, Schokolade, Ansichtskarten, Nippes ... Stellen Sie einen großen, besser zwei Papierkörbe bereit.

Am Tatort

➤ Gehen Sie Stapel für Stapel, Papier für Papier, Zettel für Zettel nach dem gleichen Verfahren durch. Stellen Sie dabei jedes Mal die Aktionsfrage »Wie lange wird es dauern, diesen Vorgang abschließend zu erledigen?« Und: »Wann könnte beziehungsweise werde ich es tun?«

1. Alles, was weniger als 5 Minuten dauert, erledigen Sie sofort! Es wäre sehr uneffektiv, diesen Vorgang wieder wegzulegen und später noch einmal anzufangen. Dauert es länger als 5 Minuten, legen Sie konkret fest, wann Sie es tun werden (Termin).

2. Alles, was Sie in den nächsten Tagen erledigen wollen, notieren Sie in Ihrem Kalender an dem entsprechenden Tag.

3. Alles, was Sie in den nächsten Wochen erledigen wollen, schreiben Sie in Ihre monatliche Prioritätenliste (Monatsplan, Aktivitäten-Checkliste).

➤ Daneben können Sie auf einem Sideboard einen Stapel für Papiere einrichten, die Sie gelegentlich einmal in Ruhe lesen wollen. Alles, was nicht in Ordnern oder Hängemappen archiviert werden muss, sollte in den Papierkorb – den besten Freund des Faultiers. Geben Sie sich einen Ruck, es kann mehr weg, als Sie meinen. Machen Sie Schluss mit dem Neandertaler in Ihnen, der alles sammeln will. Sie kön-

Ein leerer Tisch schenkt Arbeitsenergie und erspart Maulwurftätigkeiten in Papier- und Post-it-Hügeln.

nen auch ohne das viele Papier überleben, und das sehr gut. Fragen Sie einmal, was im schlimmsten Fall passieren könnte, wenn Sie diesen Vorgang endlich wegwerfen würden – die Antwort lautet meistens: Nichts Schlimmes!

Genießen Sie das Gefühl, endlich auf einen leeren Schreibtisch zu blicken. Sie werden entspannter und mit weniger Stress arbeiten. Sie können sich besser konzentrieren. Sie werden bewusster und freier im Denken und: Sie können effektiver arbeiten. Und das Beste ist: Sie haben keinen Grund mehr, Dinge auf dem Schreibtisch zu stapeln. Sie haben alle Vorgänge bereits nach der 3-Stufen-Methode erfasst.

Auf diese Weise können Sie jederzeit eine Schreibtisch-Inventur machen und vor allem alle neuen Vorgänge gleich abarbeiten.

John Glenn war bei seinem zweiten Raumflug bereits

IN FÜNF SCHRITTEN ZUM LEBENSKÜNSTLER

Entschlacken durch Delegieren

Ist Ihnen Ihr Lebenszeitkonto wichtiger als Ihr Bankkonto? Sollte es sein. Haben Sie schon mal ausgerechnet, was eine Stunde Ihrer Zeit wert ist? Teilen Sie Ihr Nettogehalt durch die Anzahl der Arbeitsstunden. Und was ist Ihnen eine Stunde Freizeit wert? Wie viel können Sie ausgeben, worauf könnten Sie verzichten, um sich dafür einfach etwas mehr Muße und Lebensfreude zu kaufen? Wie wär's, die Fenster putzen zu lassen und derweil ein schönes Buch zu lesen oder mit den Kindern zu spielen? Delegieren Sie künftig, was andere billiger tun und was Ihnen keinen Spaß macht.

Was soll man delegieren?

Das meiste aus dem »Reich des Banalen«. Als Chef: drängende Geschäfte, die nicht unbedingt wichtig sind. Routineaufgaben, Verwaltungsakte, Telefonate, Konferenzen. Im Übrigen alle Aufgaben, die ein anderer billiger oder besser kann. Stellen Sie sich immer die Frage: »Muss ich das tun?« Anstrengende Handwerkerarbeit sollten besser kräftige Helfer erledigen. Einkaufen gehen kann ein Schüler aus der Nachbarschaft. Bügeln die Wäscherei. Viel Service bietet das Internet (Seite 122). Regionale »Tauschringe« organisieren kostenlose Hilfe auf Gegenseitigkeit: www.tauschringe.org
➤ Was können Sie alles delegieren? Ihre Liste wird sicher ewig lang. Wichtig: Delegieren Sie nicht nur Eiliges, sondern auch mittel- und langfristige Aufgaben. Weil Sie so andere Menschen motivieren und fördern können. Und immer, wenn Sie eine zusätzliche Aufgabe bekommen, dann sollten Sie eine alte delegieren.

 TIPP von Lotta

Butler auf Bestellung

Sie planen eine wichtige Einladung, dann planen Sie den Butler gleich mit. Das macht Eindruck – und gibt Ihnen Zeit mitzufeiern. Der Hausengel kann ganz umsonst aus dem Freundeskreis kommen, er arrangiert Ihnen alles, begrüßt nach alter englischer Art, nimmt Hut und Mantel ab, kredenzt den Aperitif gut gekühlt und zur richtigen Zeit, serviert, kommuniziert, entlastet die Gastgeber, wo er nur kann. Gibt's auch professionell über das Branchenbuch oder Internet. Die Kosten: Bei zwölf geladenen Gästen berechnet Ihnen James 60 Euro pro Stunde. Der Koch geht extra: ebenfalls 60 Euro pro Stunde.
Einen Butler in Ihrer Nähe finden Sie zum Beispiel unter www.rentabutler.de in Stuttgart, unter www.berlin-butler.de in Berlin. Oder für Ihre nächste Hochzeit unter www.royal-wedding.de

3. Schritt: Vereinfache das Leben

So »entmüllen«
Sie Ihre Seele

Und kriegen den Kopf frei für Muße

Was hindert uns am Faulsein, am zufriedenen Rumhängen? Das Gehirn. Weil es uns so ungern faul sein lässt. Sobald wir auf der Couch niedersinken, quält es uns mit Unruhe. Mit nagenden Sorgen, mit schlechtem Gewissen. Mit negativen Gedanken. Wie Sie sich davon befreien?

Seien Sie realistisch

➤ Sagen Sie sich: Ich steck zwar in einer schwierigen Lage, aber wenn ich überlegt vorgehe, werde ich die Probleme meistern, so wie früher auch. Zwei typische Überreaktionen führen in eine Sackgasse:

● Jammern. Wehklagen und sich als Opfer zu fühlen hilft gar nichts. Selbstmitleid versperrt den Blick auf Auswege.

● Rosarote Brille. Sie können die Probleme einfach ignorieren und hoffen, dass sie sich von selbst erledigen. Gelingt manchmal. Meistens aber werden kleine Probleme mit der Zeit größer. Die bessere Strategie: die Dinge beherzt in Angriff nehmen.

Routine lenkt ab

➤ Viele kleine Katastrophen rauben den Überblick. Wer nun grübelt, mit dem Schicksal hadert, kommt auf keinen grünen Zweig, der Alltag wird nur noch grauer. Lenken Sie sich lieber ab. Am besten eig-

... zum Nachdenken

Lass ihn im Galoppe tollen,
Reite ruhig deinen Trab.
Ein zu ungestümes Wollen
Wirft von selbst den Reiter ab.

Wilhelm Busch (1832–1908)

nen sich simple Tätigkeiten, auf die Sie bewusst Ihre ganze Aufmerksamkeit richten: Putzen, Gärtnern, Holzhacken, Autowaschen. Hauptsache, gleichförmige, automatische Bewegungen. Wie eine Art Meditation beruhigen sie das aufgewühlte Gemüt.

Besinnen statt sorgen

➤ Öffnen Sie Ihre Sinne der Natur, wandern Sie eine halbe Stunde durch einen Park oder Wald. Lauschen Sie den Vögeln, lassen Sie die Farben der Bäume und Wiesen auf sich wirken. Atmen Sie den Duft des Grases, spüren Sie das Knirschen des Bodens unter Ihren Sohlen. Richten Sie alle Sinne auf die Natur. Sie wissen ja: Wenn Sie sich vornehmen: »Ich werde jetzt nicht mehr an meinen Ärger denken«, dann bekommen Sie ihn erst recht nicht aus dem Kopf. Konzentrieren Sie sich auf Ihre Sinneseindrücke, dann tritt der Alltag in den Hintergrund, und Sie gewinnen Abstand.

24 Stunden Aufschub

➤ Eine alte Volksweisheit empfiehlt, Probleme zu überschlafen. Die moderne Forschung hat das bestätigt. Unser Gehirn braucht eine gewisse Zeit, um Katastro-

Der Vesuv zerstörte Pompeji im Jahr (n. Chr.)

IN FÜNF SCHRITTEN ZUM LEBENSKÜNSTLER

Sie haben Sorgen? Dann machen Sie eine gedankliche Zeitreise in die Zukunft. Und blicken Sie zurück. Sie werden sehen: Die Probleme sind aus dieser Perspektive viel, viel kleiner.

den nächsten Tag. Wenn Sie fürchten, am Abend schlecht einschlafen zu können: Lesen Sie die Faultier-Tipps ab Seite 115.

Problemlösungstermine setzen

➤ Wer viel zu erledigen hat, besitzt einen Terminkalender und macht die Dinge nacheinander, nach Plan. Bewältigen Sie Ihre Probleme nach der gleichen Methode. Wenn fünf (oder mehr) Ärgernisse Sie zugleich belasten, sagen Sie sich: »Über Problem eins denke ich heute Nachmittag um fünf nach, über Problem zwei morgen früh um neun …« Ein terminiertes Problem ist schon viel kleiner. Lässt Ihnen Zeit für Müßiggang. Fällt Ihnen zwischendurch etwas Wichtiges zu Ihren Problemen ein, das Sie unbedingt in Ihre Überlegungen einbeziehen wollen, machen Sie sich einfach schnell eine kurze Notiz.

Katastrophenszenario

➤ Es ist so weit, Sie stellen sich Ihrem Problem. Dann fragen Sie sich als Erstes: »Was kann schlimmstenfalls passieren?« Malen Sie sich die größtmögliche Katastrophe aus. Wenn Sie in der Firma Ärger hatten: Was ist, wenn man Ihnen kündigt? Wenn Sie keinen neuen Job finden? Wenn Ihr Einkommen schrumpft – worauf würden Sie dann verzichten müssen? Wie würden Sie nach der maximalen Katastrophe weiterleben? Nehmen wir nun an, die Katastrophe wäre eingetreten. Wie würden Sie leben? Richten Sie sich gedanklich in der neuen Situation ein. Was würden Sie nun unternehmen, um Ihre Situation zu ver-

phenmeldungen zu ordnen. Wenn Sie ihm Gelegenheit dazu geben, verrichtet es diese Arbeit von allein und ohne dass Sie sich mit heiklen Entscheidungen herumquälen müssen. Vertrauen Sie der Kraft Ihrer Intuition. Verschieben Sie alle Reaktionen auf

80 *Jahre ist die durchschnittliche Lebenserwartung deutscher Frauen*

3. Schritt: Vereinfache das Leben

... zum Nachdenken

Wenn man seine Ruhe nicht
in sich selbst findet, ist es zwecklos,
sie andernorts zu suchen.

François de La Rochefoucauld (1613–1680)

bessern? Um sich allmählich wieder emporzuarbeiten? Nach diesem Gedankenspiel werden Sie gelassener an die Lösung Ihrer Schwierigkeiten herangehen. Es kann nur noch besser ausgehen, als Sie es sich ausgemalt haben.

Perspektivenwechsel

➤ Sehen Sie Ihr Problem probeweise aus der Sicht der anderen Beteiligten. Wie nehmen Ihre Kollegen, Ihr Partner, Verwandte und Freunde Ihre Situation wahr? Genauso dramatisch wie Sie? Oder als eher harmlos? Betrachten Sie sich mit den Augen der anderen. Durch den ungewöhnlichen Blickwinkel sehen Sie, inwieweit Ihre eigene Sicht realistisch ist. Und Sie erkennen, wie Sie sich Unterstützung holen können.

Das Gute sehen

➤ Klar, Sie wünschen sich, der Ärger wäre niemals eingetreten. Und dennoch: Einfach alles hat seine guten Seiten. Entdecken Sie das Positive. Haben Sie mehr über Ihre Mitmenschen gelernt? Wurden Sie zu Veränderungen gezwungen, die Sie ohnehin einmal hätten in Angriff nehmen müssen? Haben Sie mehr über Ihre eigenen Grenzen

erfahren? Könnte man aus diesen Fehlern nicht lernen? Und haben Sie vielleicht jetzt mehr Zeit für Mußestunden?

Auch wenn's schwer fällt: Dankbarkeit

➤ Es hätte noch viel schlimmer kommen können. Seien Sie dankbar für das, was Ihnen bleibt. Das ist mehr als ein bloßes Gedankenspiel für billigen Trost. Dankbarkeit verrät Ihnen, über welche Ressourcen Sie noch verfügen, um aus dem Tal der Tränen wieder ans Licht emporzusteigen.

Standpunkt der Zukunft

➤ Im Moment sehen Sie schwarz. Aber wie werden Sie in einem Jahr darüber denken? Wenn die Angelegenheit schon seit Monaten ausgestanden ist, wenn neue Ereignisse sich in den Vordergrund geschoben haben? Schlüpfen Sie gedanklich in die Zukunft und bewerten Sie die Gegenwart. Heute lächeln Sie doch auch über vieles, was Ihnen früher Schreckliches passiert ist. Ob Sie es glauben oder nicht: Mit Ihren gegenwärtigen Sorgen wird es Ihnen einmal genauso ergehen.

Visionen vertreiben negative Gedanken

➤ Schlagen Sie sich nicht bloß mit Ihren Schwierigkeiten herum. Entwickeln Sie vielmehr ein positives Gegenbild. Nehmen Sie sich ein paar Minuten Zeit zum Tagträumen. Visionen schenken Ihnen kreative Ideen. Sie zeigen Ihnen nicht nur, welche Schwierigkeiten Sie hinter sich lassen wollen, sondern vor allem, auf welch bessere Zukunft Sie zustreben.

Domitian wurde römischer Kaiser im Jahr (n. Chr.)

DIE FAULTIER-STRATEGIE

Das Entlastungs- Programm

Mit diesen Schritten unternehmen Sie die dritte Häutung
auf dem Weg zum Lebenskünstler.

Befreien Sie sich von Ballast

- Entrümpeln Sie: Machen Sie einen Rundgang durch Ihre Wohnung und hängen Sie an all das einen gelben Post-it-Zettel, was Sie schon lange nicht mehr gebraucht haben. Dann steuern Sie mit einer Kiste die gelben Signale an und sortieren kräftig aus. Was zwei Jahre lang nutzlos war, wird es mit hoher Wahrscheinlichkeit auch die nächsten zwanzig Jahre noch sein.
- Schauen Sie Ihre Papiere durch und kündigen Sie alle Verträge, die mehr Last als Entlastung bedeuten. Es lohnt sich, wenn bei der Wühlarbeit auch nur einer dabei herauskommt. Vielleicht der mit dem Fitness-Zentrum, in dem Sie ewig nicht mehr waren.
- Filzen Sie Ihren Kleiderschrank und räumen Sie alles raus, was Sie in den letzten zwei Jahren nicht getragen haben. Ab damit in den Keller – oder noch besser: in den Secondhand-Laden.
- Kontakte: Welche Ihrer Geschäftsbeziehungen, Freunde und Bekannte sind nutzlos oder gar eine Last? Wer bereitet Ihnen Freude und baut Sie seelisch auf? Konzentrieren Sie sich auf diese, und trennen Sie sich von den Übrigen.

Legen Sie ein Entschlackungs- wochenende mit Kohlsuppe ein

Fühlen Sie, wie gut es Ihrem Körper tut, wenn er Ballast abwirft: überschüssiges Gewebewasser und Fett. Kochen Sie sich Freitagabend für Samstag und Sonntag einen großen Pott. Trinken Sie nur Wasser und Tee dazu. Und bewegen Sie sich Samstag und Sonntag jeweils 30 bis 60 Minuten.

➤ Das Kurzrezept: 1 Kopf Weißkohl · 2 grüne Paprikaschoten · 1 kg Möhren 6 große Frühlingszwiebeln · 1 Bund Stangensellerie · 1–2 Dosen Tomaten · 1–2 TL Gemüsebrühe-Extrakt

Gemüse putzen, in Stücke schneiden. Mit Wasser bedeckt aufkochen. Hitze reduzieren und gar kochen. Nach Belieben würzen, allerdings ohne Salz. Gegen Blähungen hilft 1 TL Kümmel.
Das Buch dazu hat meine Freundin Marion Grillparzer geschrieben (Seite 124).

Jahre alt wurde Johann Wolfgang von Goethe

Das Entlastungs-Programm

3 Sagen Sie »Nein«

Diese vier Buchstaben sind das beste Ballast-weg-Werkzeug. Männer können diesen Schritt in der Regel überspringen. Meist sind es mit Haushalt und Beruf belastete Frauen, die nicht Nein sagen können. Üben Sie erst zu Hause. Sie sollen kochen, putzen, einkaufen, telefonieren, Kinder hüten ... sagen Sie einmal: »Nein. Ich bin zu faul.« Terminieren Sie das Ganze, um Ihre Mitmenschen nicht zu sehr zu brüskieren. Beginnen Sie mit: »Ich bin jetzt eine Stunde faul.« Tun Sie, was Ihnen Spaß macht. Und steigern Sie das Ganze in Häppchen auf: »Heute bin ich mal faul.« Meldet sich das schlechte Gewissen, dann müssen Sie weiter trainieren – bis es schweigt. Der Trick ist, sich nicht schuldig zu fühlen. Entspannen Sie sich. Sie haben freie Zeit verdient. Frei von alltäglichen Sorgen und Ansprüchen anderer. Irgendwann können Sie auch im Job sagen: »Nein. Das ist mir zu viel. Das kostet mich meine Faulpelz-Stunde. Und die brauch ich.«

4 Ent-sorgen Sie in Ihrer Seele

Wie ist Ihr Tag gelaufen? Wer hat Sie geärgert? Schreiben Sie sich ruhig mal den Frust von der Seele, am besten in einem fiktiven Brief an sich selbst. Ein Freund von mir brachte, als es ihm richtig schlecht ging, diese Briefe sogar zur Post und las sie dann mit 24 Stunden Abstand. Da hatte sich schon viel geändert. In mehreren Studien wurde festgestellt, dass das Schreiben wie ein therapeutisches Gespräch wirkt und die Seele von aufgestautem Kummer entlastet. Der Effekt tritt jedoch nur ein, wenn man nicht nur jammert, sondern mit dem Füllhalter in der Hand ehrlich über Problemlösungen nachdenkt. Nicht lange über schöne Formulierungen grübeln, sondern spontan loslegen, als ob Sie einer guten Freundin Ihr Herz ausschütten würden.

5 Kaufen Sie sich eine Hängematte

Nun ist es so weit. Sie können sich in wahre Faultier-Gefilde vorwagen. Eine Stunde reinlegen – und nichts tun. Weder lesen noch fernsehen noch Musik hören. Nur ein bisschen hin und her schaukeln. Sich wie im Mutterleib fühlen, bis die Entspannung in jede Nervenfaser zieht. Das ist nicht einfach. Das ist sogar äußerst schwierig. Denn meist kommt Unruhe auf. Wichtig ist, sich unangenehmen Gefühlen zu stellen. Den Mut haben, das auszuhalten. Sie kennen das vom Dehnen. Dehnen entspannt den Muskel. Das tut weh. Genauso ist es mit der Seele. Entspannung tut anfangs weh. Dieser seelische Schmerz ist die Schwelle zur Muße. Übrigens: Wenn Sie keinen Platz haben, eine Hängematte aufzuhängen: Es gibt Hängesessel. Und natürlich tut es auch das Sofa.

Psychoanalytiker Sigmund Freud brachte es auf

4. Schritt:
Entdecke das Prinzip Zeitlupe

Das Faultier hangelt sich mit der unglaublichen Geschwindigkeit von 350 Metern pro Stunde von Baum zu Baum. Am Boden bricht der Champion der Langsamkeit seinen eigenen Rekord: Fünf bis sieben Meter tollpatscht er pro Minute vorwärts. Im Großstadtdschungel wäre es hoffnungslos verloren. Fußgänger rauschen vorbei, Autos mutieren zu farbigen Blitzen … Es würde alles im Zeitraffer sehen. Und vor Schreck einen Herzinfarkt bekommen.
Kennen Sie den Osterspaziergang in Goethes »Faust«? Dort heißt es: »Hier bin ich Mensch, hier darf ich's sein!« Wie häufig haben Sie das Gefühl, das Leben so richtig zu erleben? Nicht oft, oder? Wir leben doch meist aus zweiter Hand – per Internet, Zeitung, Radio, Fernsehen. Wann kommen wir zur Be-Sinnung? Wann schauen wir uns ein Blümchen an? Betrachten mit den Augen eines Kindes, wie eine Schneeflocke schmilzt? Wann fühlen wir, wie die Morgensonne auf der Nase kitzelt, lauschen dem Rascheln der Blätter im Wind? Selten. Wie oft fühlen Sie sich so richtig lebendig? Wie ein Kind, das sich nicht von der Zeit hetzen lässt, sondern sie sich nimmt, um die Welt zu entdecken? Prinzip Zeitlupe.

Jahre wurde der älteste Elefant der Welt

4. Schritt: Entdecke das Prinzip Zeitlupe

Leben im Mußeland

Das Leben im Mußeland wird vom Serotonin bestimmt. Serotonin ist das Molekül der Gefühle, es steht für Glück und für Müßiggang. Für den qualitativen Nutzen der Zeit. Für das römische »carpe diem«: Pflücke den Tag. Für Kairos. Er wurde im alten Olympia als Gott des Augenblicks, der Spontaneität verehrt. Wenn er einem einfach so erschien, brachte er eine günstige Gelegenheit, eine göttliche Chance, persönliche Glücksmomente. Er kommt noch heute, wenn man sich Zeit lässt, entschleunigt, ihn beim Schopf packt. In einem alten Relief wird er mit einem dicken Haarschopf dargestellt.

Was wäre, wenn Serotonin regierte?

Im Mußeland stellt man am liebsten Slobbies ein. Menschen, die »slower but better«, langsamer, dafür besser arbeiten. Der Chef führt ein Arbeitszeitkonto ein. Auf dem Nachttisch liegt »Die Entdeckung der Langsamkeit« oder »Faulheit ist das halbe Leben«. Jeder kennt einen, der gerade ein Sabbatical-Jahr macht – sich Auszeit vom Job nimmt, um eine andere Seite des Lebens zu genießen: die Muße.

Im Land, wo die Moleküle der Gefühle regieren, trifft man häufiger auf Zeitpioniere. Sie reduzieren ihre Arbeit auf drei Tage die Woche. Oder arbeiten sieben Tage, machen sieben Tage frei. Merkwürdig ist, dass sie in dieser Zeit genauso viel schaffen wie in ihrem Vollzeitjob. Diese Zeitpioniere verdienen zwar weniger Geld. Haben dafür aber mehr Zeit für sich, für ihr Hobby, für ein gutes Buch, für Freunde, für die Familie. Zeitwohlstand ist ihnen wichtiger als Geldwohlstand. Sie führen ein Leben in Balance

---

TIPP von Lotta

Inseln der Langsamkeit

Wer es schafft, sich im hektischen Fluss der Zeit kleine Inseln der Langsamkeit zu schaffen, wappnet sich gegen Stress. Man kann sich treiben lassen vom Strom der Schnelligkeit, tankt aber auf seiner Insel Ruhe. Wie das geht? Mit einer Minuten-Meditation.

➤ Richten Sie Ihre Aufmerksamkeit auf einen Gegenstand, einen Menschen. Morgens in der vollen, lauten U-Bahn suchen Sie sich einen Menschen, versinken in das vom Leben gezeichnete Gesicht einer älteren Frau. Suchen Sie in stressigen, lauten, schnellen Situationen nach kleinen Schönheiten, die Sie sonst übersehen: die dichten Wimpern eines Kindes, das bunte Muster eines Seidentuches, wie sich ein Brunnen im Schaufenster spiegelt, die Zeichen der Zeit in einer verwitternden Mauer ... Schön sind oft die vergessenen, nicht beachteten Dinge.

IN FÜNF SCHRITTEN ZUM LEBENSKÜNSTLER

zwischen Muss und Muße. Im Mußeland gibt es immer mehr Menschen, die nicht nach der Uhrzeit, sondern nach der »Ereigniszeit« leben – sie lassen ihren Tagesablauf von Ereignissen bestimmen. Sie lachen, wenn sie lustig sind, faulenzen, wenn sie Ruhe brauchen, essen, wenn sie hungrig sind, stehen auf, wenn sie wach sind. Bestehen darauf, dass etwas »seine Zeit braucht« und man keine »Zeit verschwenden« kann, weil auch das Nichtstun ein Ereignis ist.

Noch regiert Adrenalin

Das Leben im Tempoland wird von einem anderen Hormon regiert: Adrenalin. Die Körperchemie des Stresses.

Wir leben in einer chronometrischen Gesellschaft. Wir glauben an Chronos, den Gott der sequenziellen Zeit, der linearen Zeit, der deutschen Zeit: pünktlich, zuverlässig, ordentlich, verplant. Wir glauben, alles zu erreichen, wenn wir nur genug beschleunigen. Die Folge: 41 Millionen Erwerbstätige in der EU beklagen sich über überdurchschnittlichen, arbeitsbedingten Stress. Und kommen auch zu Hause nicht zur Ruhe. Zwar hat der technische Fortschritt bewirkt, dass wir mehr freie Zeit haben. Nur nutzen wir sie nicht.

Zum Faulsein haben heute immer weniger Menschen Zeit. Nein, besser: Sie nehmen sich einfach nicht die Zeit. Sie schlagen sie lieber tot, jagen sie davon. Warum eigentlich? In Finnland sagt man: Gott hat den Menschen die Zeit gegeben, aber von Eile hat er nichts gesagt.

Wenn nicht jetzt, wann dann?

Dem Leben auf der Spur

➤ Führen Sie doch mal eine Woche lang ein Tagebuch, in dem Sie notieren, wann Sie sich lebendig fühlen: fröhlich sind, den Augenblick genießen. Sich Zeit nehmen. Alle Ihre Sinne einsetzen: schauen, riechen, hören, tasten, schmecken ... Die Augenblicke, in denen Sie in Kinderschuhen stecken. Sie werden staunen, wie selten Sie so richtig lebendig sind.

Das Leben ist eine Rushhour

In einer Werbung des internationalen Konzerns ABB fand ich folgenden Text.

»Denk schneller! Die Idee, die Du heute hast, ist in 5 Jahren veraltet. Du hast die ganze Welt als Konkurrent. Was Du kaufen kannst, musst Du nicht erfinden. Finde raus, wo das Problem liegt. Such nicht das, was Du für perfekt hältst. Fang an zu machen. Lieber nur 98,5 % als 1,5 Jahre zu spät – oder zu teuer. Perfektion ist Zeitlupe, Phantasie ist Lichtgeschwindigkeit. Wie schnell warst Du heute?«

Ja, wie schnell denn?

Ziemlich schnell. Der Wecker holt uns aus den Federn. Blitzschnell wird geduscht. Höchstens Zeit für eine Tasse Kaffee. Ge-

86 *Jahre nach Goethes Tod, 1918, wurde Hollywood mit Charlie Chaplin Filmmetropole*

4. Schritt: Entdecke das Prinzip Zeitlupe

schwind ein Blick in die Zeitung. Dort steht: Die Bahn will die Schnellzüge binnen vier Jahren doppelt so schnell machen. Ab ins Auto, schnell ins Büro. Mist, geblitzt worden. Die Geschwindigkeit übertreten. Warum braucht der Aufzug nur so lange, die warten doch schon alle. Zwischen den Zimmern, den Terminen, den Aufgaben hin und her fetzen. Kaum Zeit für die Kantine. Essen runterschlingen. Abends schnell heim. Halt, vorher noch schnell was einkaufen. Blitzschnell die Sporttasche packen. Schnell noch Mutter anrufen. Ins Auto, zum Fitness-Center rasen. Schnell was für die Gesundheit tun. Pizza in die Mikrowelle. Schnell essen, schnell noch den Krimi gucken. Schnell ins Bett. Der Tag ist eine einzige Rushhour. Das Leben auch. »Wer immer schneller zu laufen versucht, ist deswegen noch lange nicht da, wo er hinwill«, meint Management-Guru Stephen Covey.

Wir brauchen ein allgemeines Tempolimit

Wir leben in der Fix & Hopp-Gesellschaft. Alles wird immer schneller: Arbeiten, Essen, Informieren, Unterhalten, Reisen, Erholen. Sportler müssen immer schneller werden, genauso wie Autos, Flugzeuge, Bahn, Kommunikation. Spezialisten treiben die Technik des Zeitsparens bis zur Perfektion – und Controller schleichen wie Momos graue Herren von der Zeit-Spar-Kasse durch die Betriebe und holen noch mehr Zeit raus. Fast Life. Ein schreckliches Leben. Weil uns die Zeit abhanden kommt, weil wir nicht mehr erleben.

Wenn du es eilig hast, gehe langsam

So lautet der Titel eines meiner Bücher und ein Leitsatz meines Lebens. Da wir es immer eilig haben, hilft er dabei, einen Gang runterzuschalten, wenn wir an ihn denken. Wichtig auf dem Weg zum Müßiggang. Immer wenn Sie etwas schnell erledigen wollen, sagen Sie sich künftig: Das kann ich genauso langsam tun. Langsam kommt man auch ans Ziel. Wie die Schnecke, die sich nicht durch Eile auszeichnet – sondern durch Beharrlichkeit.

Schalten Sie einen Gang runter, bauen Sie ein bisschen mehr Zeitlupe in Ihr Leben ein. Was passiert? Sie sehen auf dem Weg zur Post leuchtende Kinderaugen und die rosa Blüten des Kastanienbaums, Sie lächeln über den Hund, der im Brunnen badet. Sie spüren den Wind durch die Haare zausen. Sie riechen den Espressoduft vom Eckcafé. Sie er-leben. Und sagen nie wieder: Ich geh mal schnell zur Post.

Die Faulheit und die Langeweile

Kinder sagen so oft: »Mir ist laaangweiii-liiig!« Und was passiert, wenn Papa nicht sofort eingreift, um gegen diesen quälenden Spannungszustand etwas zu tun, in den einen eine leere Zeitdauer versetzen kann? Die Augen leuchten, denn plötzlich weiß das Kind ganz von selbst, was es nun gerne tun will und tun wird. »Lange Weile«

Thomas Gottschalk übernahm die Sendung »Wetten, dass?« im Jahr 19...

IN FÜNF SCHRITTEN ZUM LEBENSKÜNSTLER

gebiert Kreativität. Wenn wir sie tolerieren, begeben wir uns in eine Situation, in der wir uns treiben lassen. Alles ist im Fluss. Die Gedanken, die Kreativität auch. Langeweile lehrt uns, im Fluss der Zeit zu leben – und nicht gegen sie.

Wenn nicht jetzt, wann dann?

Suchen Sie die lange Weile

Gar nichts tun, das ist die allerschwierigste Beschäftigung und zugleich diejenige, die am meisten Geist voraussetzt.

Oscar Wilde

Wann war Ihnen zuletzt langweilig? Lange her? Dann holen Sie sich dieses Gefühl. Gönnen Sie es sich.

➤ Nehmen Sie sich einen Tag Zeit, an dem Sie bewusst die lange Weile suchen. Den nächsten Samstag. Kein Termin. Handy ausschalten. Fernsehverbot. Bücher und Zeitschriften bleiben zu. Sie arbeiten auch nicht im Haushalt. Kümmern sich nicht um die Kinder. Sondern lassen sich treiben. Von der Zeit. Vom Nichtstun. Bis Sie das Gefühl haben: Ich kann nicht mehr, ich mag nicht mehr. Halten Sie diesen Spannungszustand aus. Er löst sich bald auf – in pure Entspannung.

Wer die Langeweile gar nicht erträgt, kontrolliert sie einfach: in Form von Meditation. Der kalifornische Psychologe Robert Levine beschreibt Langeweile als Verlangsamung der Zeit – oft unerträglich, und wenn unabänderlich, pathologisch endend als Hoffnungslosigkeit. Meditation ist Verlangsamung kontrolliert, selbst herbeigeführt – und deswegen als angenehm empfunden. Anleitung für die kontrollierte Verlangsamung der Zeit finden Sie ab Seite 95.

Bauen Sie Zeitlupe ins Leben ein

➤ Auf dem Teller: Slow Food statt Fast Food. Denn Genuss braucht Zeit. »Nur wer sich selbst etwas wert ist, achtet auch auf die innere Kosmetik. Jeder sollte sich immer wieder klar machen, dass der Körper kein Müllschlucker ist. Genießen bedeutet auch, sich für das, was man isst, zu interessieren und ein gewisses Know-how über Lebensmittel zu haben«, so Spitzenkoch Ernst-Ulrich Schassberger. Kommen Sie auf den Geschmack, stecken Sie wieder Liebe und Zeit ins Essen – das schenkt Ihnen eine gute Figur, Gesundheit und Lebenszeit. Jeder zweite Deutsche ist übergewichtig. Jährlich erkranken 300 000 Deutsche an Diabetes. Auch Herzinfarkt und Schlaganfall macht man sich mit Messer und Gabel. Lassen Sie sich nicht mehr von der Industrie ernähren – das tut sie zu 70 Prozent –, sondern von der Natur. Essen Sie künftig einfach nichts, was schneller zu konsumieren als zuzubereiten ist. Oder we-

88 *Tage braucht Merkur für einen Sonnenumlauf*

4. Schritt: Entdecke das Prinzip Zeitlupe

nigstens weniger davon. Meiden Sie Fertigprodukte. Dann lernen Sie auch wieder zu genießen.

➤ Im Verkehr. Drosseln Sie sooft es geht die PS. Nehmen Sie statt des Autos den Drahtesel in den Job. Gehen Sie alles, was in fünfzehn Minuten erreichbar ist, zu Fuß an. Erwachsene laufen im Schnitt einen Kilometer am Tag. Kinder zehn.

➤ Im Sprachgebrauch: Streichen Sie alle Vokabeln, die Hektik ins Leben bringen. »Schnell«, »sofort«, »geschwind«. Dann setzen Sie andere Menschen weniger unter Druck. Und entlasten damit sich selbst. Sie kennen das Gesetz aus der Physik: Druck erzeugt Gegendruck.

➤ In der Freizeit: Wenn Sie künftig Freizeitaktivitäten im Zeitlupentempo angehen, dann packen Sie Ihren Terminkalender nicht zu voll und können die Termine viel besser genießen. Beispiel: Planen Sie vor und nach dem Kinobesuch je eine Pufferstunde. Dann können Sie vorher genüsslich Eis essen gehen. Sich auf den Film fröhlich einstimmen. Und danach mit der Freundin bei einem Glas Wein über den Film diskutieren.

➤ Im Sport: »Langsam, locker, lächelnd« heißt das Credo von Fitness-Papst Dr. Ulrich Strunz (Buchtipps Seite 124). Zeitlupe im Sport verlängert das Leben. Denn nur mit dem Puls der Gemütlichkeit (Seite 33) wird Kondition und Gesundheit getankt.

➤ In der Arbeit: Immer häufiger hört man von »Slobbies« – slower but better working people. Für die Arbeit gilt: Weniger ist mehr. Qualität statt Quantität. Wer

Halten Sie den Augenblick fest – auch mit der Nase. Erleben heißt: alle Sinne einsetzen.

effektiv arbeitet, kann nach acht Stunden seinen Arbeitsplatz verlassen. Und Energie tanken für den nächsten Tag (Seite 90).

➤ Und jeden Moment: Halten Sie den Augenblick fest. Wie? Ganz einfach, indem Sie zur Be-Sinnung kommen. Erleben Sie den Augenblick. Benutzen Sie Ihre Sinne. Don't hurry, be happy. Schnuppern Sie. Sie können 4000 Aromen unterscheiden. Was riechen Sie? Schauen Sie genau hin. Ergötzen Sie sich an der Vielfalt der Farben und Formen. Der Hörsinn ist der Sinn, den Sie häufig vernachlässigen. Sie lassen sich beschallen. Hören Sie mal auf das Surren der Insekten, das Singen der Vögel, das Murmeln des Wassers. Und auch das Tasten erschließt Ihnen die Kräfte der Natur.

Der Sturm auf die Bastille löste die Französische Revolution aus im Jahre 17...

IN FÜNF SCHRITTEN ZUM LEBENSKÜNSTLER

Die Slobbies kommen

Ohne Fleiß kein Preis?

Sie sind etwa zehn Stunden im Büro, vielleicht sogar mehr? Machen Ihre Arbeit superschnell. Mittagspause? Wenige Minuten für ein Sandwich. Abends – Sie gehen später als die anderen – nehmen Sie das Aktenköfferchen mit Unerledigtem mit nach Hause. Am nächsten Tag sind Sie vor den anderen im Job. Und auch am Wochenende trifft man Sie dann und wann dort an. Klingt doch ganz danach, als ob man sich keinen besseren Arbeiter wünschen kann – oder? Tut man aber.

Workaholics sind out

Viel Arbeit heißt noch lange nicht viel Erfolg. Heute will man Slobbies: Slower but better working people. Menschen, die langsamer und besser arbeiten. Sich ihre Auszeit nehmen. Freizeit als Freizeit genießen. Denn das feit vor Fehlern – bewiesenermaßen: Eine McKinsey-Studie bescheinigt Teilzeitkräften eine bis zu zwanzig Prozent höhere Produktivität als Round-the-clock-Schuftern.
In den USA sind clevere Chefs längst dazu übergegangen, ihre Manager nach acht Stunden Arbeit in die Freizeit zu jagen, damit sie am nächsten Tag wieder leistungsfähig und zufrieden sind. Denn nur wer die Balance hält zwischen Leistung und Müßiggang, taugt auch im Job.

Slobbies – arbeiten langsam, beugen sich nicht dem Zeitdruck – sind »in«, weil besser. Und Qualität ist die Basis für Erfolg.

So werden Sie zum Slobby

➤ Chill out – erhole dich, heißt die Devise in den USA. Denn Tempowahn und Arbeitsmarathon führen nicht zum Erfolg. Faulheit ist schließlich nicht die Ursache für unsere wirtschaftlichen Talfahrten. Wo befinden sich Ihre Erholungsinseln? Machen Sie sich doch einfach mal eine Liste.

90 Minuten dauert die REM-Phase, in der wir träumen

4. Schritt: Entdecke das Prinzip Zeitlupe

➤ Sind Sie ein Überstundentyp? Dann fragen Sie mal Ihre Kollegen, was sie davon halten. Und Ihren Boss. Und dann horchen Sie in sich hinein. Wenn Sie ein wenig effektiver arbeiten, Ihrem Kopf und Körper die nötigen Pausen gönnen – vielleicht müssen Sie dann nicht zehn Stunden ackern. Probieren Sie es doch einfach mal eine Woche lang aus: Halten Sie in Ihrem Job die Arbeitszeiten ein. Machen Sie Ihre Pausen. Erholen Sie sich in der Freizeit. Keine Angst, Sie überzeugen alle damit, dass Sie Ihr Pensum auch in der normalen Arbeitszeit schaffen.

➤ Raus aus dem Zeitdruck. Er ist hausgemacht. Die meisten hetzen von Termin zu Termin, weil sie meinen, wenn sie das nicht täten, wäre das ziemlich uncool. Sie finden nur nicht die Zeit für die Frage, ob derlei hektische Aktivität wirklich sinnvoll, zielführend und notwendig ist. Die Antwort kann nämlich wehtun.

➤ Entschlacken Sie den Terminkalender. Slobbies gewinnen der Langsamkeit produktive und kreative Seiten ab und canceln die unwichtigen Termine – natürlich wohl überlegt. Vor jedem Termin, den Sie eintragen, sollte die Frage stehen: Ist er wirklich sinnvoll – für mich und die anderen?

➤ Slobbies nehmen sich Zeit. Der Kunde sagt Danke. Sie wollen ja auch, egal ob im Supermarkt oder Sportfachgeschäft, gut beraten werden – und das dauert. Da die Zahl der Slobbies wächst, besteht die Chance, dass Sie auf Ihrer Karriereleiter immer häufiger einem solchen begegnen. Sei es der Kunde im Laden, sei es der Chef, der Ihnen einen Job gibt. Und dieser Mensch erwartet, dass Sie ihm Zeit schenken. Und das Beste daran: Die Karriere entschleunigt sich nicht durch ein langsameres Tempo.

➤ Slobbies haben Geduld. Oft sind geduldige Mitarbeiter die kreativeren und fröhlicheren und erfolgreicheren Menschen. Ein Geschäft lässt sich vielleicht schnell anbahnen – aber in der Zeit des Internets, des unpersönlichen Geschäfteabwickelns bindet den Kunden nur eines: die persönlich in ihn investierte Zeit.

➤ Slobbies finden ihr Tempo. Wie viel Stress brauchen Sie, um optimal zu funktionieren? Um in der Arbeit den Flow zu genießen, das Einssein mit der Tätigkeit, das in einen Glücksrausch versetzt? Um abends wirklich abschalten zu können? Das herauszufinden ist schwierig. Dafür gibt es kein allgemeines Rezept, das ist ein Gefühl, und das kennen nur Sie.

➤ Slobbies stellen die Sinn-Frage. Welche Tätigkeiten machen Ihnen Spaß? Die sollten Sie nicht delegieren. Weil sonst die Lust an der Arbeit abnimmt. Auch das Abarbeiten eines Poststapels kann Sinn machen, wenn man sich dabei entspannt. Mit welchen Tätigkeiten bieten Sie anderen den größten Nutzen? Das können Sie nicht delegieren, weil das der Inhalt Ihres Jobs ist.

Das Erfolgsgeheimnis der wahren Slobbies formulierte Moshé Feldenkrais so: »Wenn man weiß, was man tut, kann man tun, was man will.« Auch dafür gibt es ein neudeutsches Wort: Working smart.

Honoré de Balzac schrieb in nicht mal 20 Jahren so viele Romane:

IN FÜNF SCHRITTEN ZUM LEBENSKÜNSTLER

Working smart – clever arbeiten

Working smart beinhaltet Zuhören, Nachdenken und dann Agieren, anstatt aus der Gewohnheit heraus zu reagieren. Working smart heißt auch, Vertrauen zu haben in seine Instinkte, das Richtige zu tun. Weil man sich auf sein Wissen und seine Erfahrungen verlassen kann. Es heißt auch, mit anderen Menschen in ständigem Gedankenaustausch zu bleiben, weil im Team die Arbeit bessere Früchte trägt.

Working smart heißt auch: In jedem Moment das Leben am Schopf packen – ein Ding nach dem anderen erledigen, mit vollem Bewusstsein und in einer Gangart, die zur Balance im persönlichen und beruflichen Leben führt.

Interessanteste Slobby-Strategie: Working by Walking

Denken beim Gehen, Reden beim Gehen – Sokrates und die alten Philosophen haben uns das vorgemacht. Wie ist das, wenn man mit einem guten Freund zwei Tage in die Berge geht? Man kommt zu Gesprächen, die sonst nicht stattfinden.

Warum das auf die Freizeit beschränken? Und warum zum Arbeiten immer im Büro sitzen? Ist denn Herumsitzen immer noch der sichtbare Beweis des Fleißes? Also, jedes Mal, wenn ein Mitarbeiter sagt: »Ich muss mal mit Ihnen reden«, sagen Sie: »Machen wir Pause, eine halbe Stunde an der frischen Luft!« Sie werden staunen, wie

verblüfft der Mitarbeiter sein wird. Sie werden sehen, dass er das als eine ganz besondere Intensität von ausschließlicher Zuwendung erlebt. Und Sie werden überrascht sein, was dabei herauskommt. Vielleicht nicht im Sinne von zählbarem Ergebnis. Gewiss aber im Sinne von: was der Mitarbeiter Ihnen alles mitteilt.

Aber wirkt das nicht peinlich, wenn man jedes Mal aufspringt, den Mantel zückt

... zum Nachdenken

Zwei Wölfe

Ein alter Indianer saß mit seinem Enkelsohn am Lagerfeuer. Es war schon dunkel geworden, und das Feuer knackte, während die Flammen in den Himmel züngelten. Der Alte sagte nach einer Weile des Schweigens: »Weißt du, wie ich mich manchmal fühle? Es ist, als ob da zwei Wölfe in meinem Herzen miteinander kämpfen würden. Einer der beiden ist rachsüchtig, aggressiv und grausam. Der andere hingegen ist liebevoll, sanft und mitfühlend.« »Welcher der beiden wird den Kampf um dein Herz gewinnen?« fragte der Junge. »Der Wolf, den ich füttere«, antwortete der Alte.

Quelle unbekannt

92 *Jahre alt wurde der chinesische Politiker Deng Xiaoping*

4. Schritt: Entdecke das Prinzip Zeitlupe

und den Mitarbeiter zum Gehen drängt? Machen Sie es einfach andersherum: Machen Sie es sich zur Gewohnheit, jeden Tag einen Spaziergang zu machen, und zwar zu der Zeit, in der Sie sowieso nicht so produktiv sind im Büro. In diese Zeit packen Sie persönliche Gespräche unter vier Augen. Also: »Ich muss mal mit Ihnen reden.« – »Ja, gerne, wie wär's heut Mittag um halb vier? Und nehmen Sie Ihren Mantel mit!«

Kreative Gespräche

Es tut Ihnen beiden gut, das Gehen und das Sauerstofftanken; Sie können frei reden ohne Mithörer, ohne geschlossene Tür, ohne dass das Telefon klingelt. Und es wird zum gemeinsamen Erlebnis – der Weg, das Wetter, kleine Vorfälle oder Dinge, die es zu sehen gibt, auch die kleinen Ablenkungen geben so einem Gespräch Farbe. Vielleicht hält man bei einem Biergarten an und trinkt eine Apfelschorle. Oder macht einen Zwischenstopp im Café.

Nur eines sollten Sie unbedingt beherzigen: Lassen Sie den Mitarbeiter erzählen. Stellen Sie ihm hin und wieder Fragen. Lassen Sie ihn selbst die Lösung entwickeln. Fragen Sie ihn: Könnte das die Lösung sein? Machen Sie eigene Vorschläge nur in Verfeinerung seines Lösungsweges. Und fassen Sie zum Schluss alles zusammen – mit der Frage, ob das so richtig sei und ob man das vereinbaren könne.

Ich kenne übrigens einen Steuerberater aus Linz, der Mandantengespräche häufig beim Joggen führt – und dabei tolle Ergebnisse erzielt.

Machen Sie mal Uhrlaub

Ja, Sie lesen richtig: Uhrlaub – Urlaub von Ihrer Uhr. Was, ohne die können Sie nicht leben?

Die Armbanduhr ist die Handschelle der Termindruck-Society. Sie wird uns versüßt durch faszinierende Technik, designerische Schönheit und die Wertfülle eines Juwelierstücks – Grund für viele, Uhren zu sammeln oder ihre einzige so zu lieben wie einen Teil ihrer Person. Im Lichte des Life-Leadership jedoch verrät sie sich als goldene Fessel, die uns vierundzwanzig Stunden am Tag unter Kontrolle hält. Eine stumme Gehirnwäsche, die uns zu Zeitgefängnisaufsehern unserer selbst macht. Aber brauchen wir sie wirklich und tatsächlich?

Leben im Minutentakt

An meinem Bett wacht ein Wecker. Zum Joggen nimmt mich der Pulsmesser an die Hand. Während des Rasierens hämmert

Westdeutsche Kinder saßen im Jahr 2001 täglich so viele Minuten vor dem Fernseher: 93

IN FÜNF SCHRITTEN ZUM LEBENSKÜNSTLER

Wenn nicht jetzt, wann dann?

Time-out

Das holt Sie aus dem Tempo der Zeit:
➤ Setzen Sie sich gemütlich hin. Spüren Sie einige Momente lang Ihren Atem. Dann lassen Sie den Blick schweifen. Betrachten Sie die Gegenstände im Raum. Stehen Sie schweigend auf, laufen Sie im Zeitlupentempo herum, schauen die Dinge an. Gegenstände, die Sie normalerweise nicht mehr bemerken: einen alten Stuhl, die Felljacke am Kleiderbügel, das französische Bett, das Foto vom Segelausflug. Wo haben Sie die Dinge her? Erinnern Sie sich an die Zeit, in der Sie sie gekauft oder geschenkt bekommen haben. Waren es glückliche Zeiten?

mir das Radio alle paar Minuten die Zeit ein. Beim Kaffeeschlürfen und Über-die-Zeitung-Huschen schlüpft mein Blick zur Bahnsteiguhr an der Küchenwand. Im Wagen konkurriert der Zeitmesser mit Tempo-, Touren- und Tankanzeigen. Der Radiosprecher meldet mir pausenlos Stau, Radarfalle und Minute. An jeder Ampel findet mein kreisender Blick eine Uhr. Im Büro erinnern mich Telefondisplay, Faxgerät und Computerbildschirm an die Zeit, Sekretärin und Microsoft Outlook mahnen

mich vor jedem Termin. Mein Handy reiht Sekunde an Sekunde und schenkt mir die Fürsorge einer Erinnerungsfunktion. Der Einzige, der mich nicht nach der Zeit taktet, sondern nach meinen Durst, ist mein Wirt – auf dem Bierdeckel.

Ihnen geht's anders? Ohne Ihre Armbanduhr wüssten Sie kaum, was gestern und heute ist? Sie glauben, mit ihr die Zeit zu überwachen. Wahr ist, dass die Zeit so Sie überwacht – »watch«, sagt der Engländer.

Ich habe es gewagt. Ich habe mich von ihr getrennt. Ich kam mir nackt vor. Zweihundertmal am Tag starrte ich auf den blässlichen Fleck am Handgelenk. Immer dieses Gefühl, etwas vergessen zu haben, sei es die Uhr selbst oder einen Termin. Bis ich langsam, wie ein entwöhnender Raucher das Riechen wiederentdeckt, die Zeichen des wandernden Sonnenlichts zu deuten lernte. Jeder hat das mal gekonnt – als Kind.

Zeitsignale umgeben uns wie Parkverbotsschilder, man kann ihnen nicht ausweichen. Aber man muss sie nicht am Handgelenk mit sich herumtragen.

Der Anfang vom Ende der Sklaverei

➤ Probieren Sie es einfach aus. Für eine Woche. Und beobachten Sie, wie sich Ihr Leben entkompliziert. Wie sich Ihr Bewusstsein verändert. Wie Gelassenheit von Tag zu Tag wächst.

Wir werden erleben: Keine Uhr zu tragen, wird zum Prestigekult werden. Ein Privileg jener, die es sich leisten können. Oder wollen. Sich aus der Sklaverei der Zeit befreit zu haben – das darf man ruhig zeigen.

wurde der irische Dramatiker George Bernard Shaw

4. Schritt: Entdecke das Prinzip Zeitlupe

Meditation: Zeitlos leben

Meditation ist die kontrollierte Verlangsamung der Zeit – selbst herbeigeführt und deswegen als angenehm empfunden.

Was bringt Meditation?

Nach einiger Zeit, wenn man die Kunst der Meditation erlernt hat, passiert im Körper genau das Gegenteil von dem, wenn wir Angst spüren, unter Stress geraten, uns anspannen und verkrampfen. Im Gehirn misst man stattdessen langsame Alphawellen und gleichzeitig Deltawellen, die sonst den Tiefschlaf begleiten. Der Sauerstoffverbrauch sinkt um 20 Prozent, das Herz beruhigt sich, schlägt langsamer, auch die Atemfrequenz sinkt. Der Milchsäurespiegel (Stress pur) sinkt und der Blutdruck auch. Wer meditiert, befindet sich in einem Trance-Zustand, der auch euphorische Gefühle schenken kann.

... zum Nachdenken

Die größten Ereignisse,
das sind nicht die lautesten,
sondern unsere stillsten Stunden.

Friedrich Nietzsche (1844–1900)

Nach nur wenigen Minuten tiefen Eintauchens in die Zeitlosigkeit sind Geist, Seele und Körper so erholt und frisch wie nach mehreren Stunden Schlaf.

Eine Langzeitstudie amerikanischer Krankenversicherungen mit regelmäßig Meditierenden und Entspannungsmuffeln bewies, dass »Zeit-Aussteiger« fast 90 Prozent weniger Herz-Kreislauf-Erkrankungen und 87 Prozent seltener neurologische Leiden haben, 73 Prozent weniger oft erkältet sind oder schwere Infektionen haben, fast 60 Prozent seltener an Krebs erkranken und 50 Prozent weniger häufig an Erkrankungen des Verdauungssystems leiden.

Schlank und gescheit durch Nichtstun

Zwei andere Studien aus Indien und den USA zeigten unabhängig voneinander: Ein Jahr lang täglich 30 Minuten zu meditieren senkt gefährlichen Bluthochdruck deutlich, normalisiert Cholesterinwerte und kann sogar bereits verengte Gefäße wieder von Ablagerungen befreien. Alle entspannten Studienteilnehmer verloren zudem überflüssige Pfunde ohne jegliche Diät – nur durch regelmäßiges Nichtstun.

Meditation heilt nicht nur den Körper, sondern schärft auch die Intelligenz: Studenten, die sich jeden Tag bewusst Zeit für eine »Aus-Zeit« nehmen, schneiden laut mehrerer internationaler Untersuchungen bei Prüfungen und Intelligenztests auffallend besser ab.

Und gegen jegliche Art von Seelenblues scheint die Besinnung auf das Wesentliche,

Der Verpackungskünstler Christo verhüllte den Reichstag in Berlin im Jahr 19...

IN FÜNF SCHRITTEN ZUM LEBENSKÜNSTLER

auf das Hier & Jetzt, auch eine Wunderwaffe zu sein. Egal ob Lampenfieber, Panik, Liebeskummer, Wut, Verlustängste oder andere Selbstzweifel quälen, das Eintauchen ins Meer der Ruhe schenkt Selbstbewusstsein und neue Lust am Leben. Wer meditiert, findet einen kreativen Ausweg aus scheinbar ausweglosen Situationen.
Klingt unglaublich? Fakt ist, dass genau dies in unzähligen wissenschaftlichen Studien einwandfrei belegt wurde.

Was ist Meditation?

Wörtlich bedeutet meditieren »in die Mitte kommen«. Meditation kann Lösungen auf die Fragen bringen: »Was und wo ist meine innerste Mitte, mein Lebensmittelpunkt, mein eigentliches Lebensziel?« Oder einfacher: »Warum und wozu lebe ich?« Oder noch einfacher: »Wer bin ich?«

Die Regeln des Zeitausstiegs

Nur im Rückzug vom stressigen Alltag finden wir Antworten auf diese ewigen inneren Fragen. Der Geist muss dazu ruhig und leer werden – denn erst dann können wir die Stimme unserer inneren Weisheit hören. Weil uns das Stillwerden so schwer fällt, hat jede Kultur der Menschheit vielfältige Meditationstechniken entwickelt: zum Beispiel monotone Gebete wie Rosenkranz oder Mantren oder körperliche Rituale wie Yoga- oder Qi-Gong-Übungen. Egal welche äußere Form der Ausstieg aus der Zeit hat: Es gibt dafür Regeln, die kultur- und religionsübergreifend sind.

Meditation ist Ausstieg aus der Zeit, Eintauchen in die Ruhe. Ein Rendezvous mit sich selbst.

Die drei Grundregeln der Meditation:
- Mäßig, aber absolut regelmäßig.
- Meditation ist überall und immer machbar, man braucht keine besondere Umgebung oder Voraussetzungen dafür.
- Nichts erwarten, sondern abwarten …

10 Schritte zur eigenen Mitte

1. Plan: Bestimmen Sie, wann genau Sie im Tagesablauf eine Ruhepause einlegen wollen, und halten Sie sich strikt daran. Ideal: morgens, mittags und abends.

4. Schritt: Entdecke das Prinzip Zeitlupe

2. Dauer: Anfangs nicht zu viel vornehmen. Es reichen nach dem Aufstehen 8 Minuten, in der Mittagspause 2 Minuten und vor dem Einschlafen 4 Minuten. Erst wenn Sie vier Wochen lang regelmäßig meditiert haben, können Sie die Phasen um ein, zwei Minuten erhöhen.

3. Vorbereitung: Sie brauchen nur einen ruhigen Ort, an dem Sie ungestört sind, und einen Stuhl. Stellen Sie sich einen ganz leisen Wecker, zum Beispiel das Handy, bevor Sie sich aus der Zeit zurückziehen.

4. Erden: Setzen Sie sich aufrecht auf einen Stuhl, die Füße flach am Boden. Legen Sie die Handrücken auf die Oberschenkel, Hände locker geöffnet, und schließen Sie die Augen. Ziehen Sie die Zehen an, als wollten Sie sie in die Erde krallen. Dann entspannen Sie Ihre Füße und fühlen die ganzen Fußsohlen am Boden. Stellen Sie sich vor, dass aus ihnen lange Wurzeln wachsen, die Sie ganz fest und sicher mit der Erde verbinden. Fühlen Sie, wie nährende Erdenergie durch Ihre Füße aufsteigt und Ihren ganzen Körper versorgt.

5. Entspannen: Kiefer lockern, Mundwinkel leicht nach oben. Augen, Stirn, Schläfen entspannen. Aufrichten, Kinn leicht zur Brust ziehen, Schultern sinken lassen.

6. Zentrieren: Lassen Sie den Bauch ganz locker. Lenken Sie Ihre Aufmerksamkeit zum Unterbauch – dorthin, wo beim Verliebtsein die Schmetterlinge fliegen. Fühlen Sie die Wärme, das Kribbeln? Verankern Sie Ihr Bewusstsein in diesem Zentrum.

7. Atem: Atmen Sie locker durch die Nase ein und aus. Die Luft einfach immer tiefer einströmen lassen, in den Brustkorb, in den Magen bis in den Unterbauch.

8. Loslassen: Bleiben Sie ruhig und mit Ihrer Aufmerksamkeit im Bauch, atmen Sie entspannt ein und aus. Erwarten Sie nichts, nehmen Sie einfach nur wahr.

9. Beobachten: Auftauchende Gedanken und Gefühle nicht unterdrücken. Bleiben Sie zentriert, sehen Sie sich Ihr inneres Gebrabbel ganz ruhig und wertfrei an, als wäre es ein Film. Lassen Sie alles zu, lassen Sie alles kommen, lassen Sie alles gehen.

10. Rückkehr in die Zeit: Wenn Sie den Wecker aus weiter Ferne hören, streichen Sie mit den Händen sanft einige Male über Ihr Gesicht und durch Ihre Haare. Dann öffnen Sie die Augen, gähnen, räkeln und strecken sich.

TIPP von Lotta

Blitz-Meditation

Sie können jederzeit und an jedem Ort kurz »aussteigen«, egal ob im Auto, am Schreibtisch, in der Supermarktschlange oder während eines Telefongesprächs: Füße fest auf dem Boden spüren, in den Bauch atmen, Schultern fallen lassen. Vorstellen, dass mit jedem Atemzug strahlend goldene Energie in den Unterbauch strömt.

Bergsteiger-Autor Luis Trenker wurde **97**

DIE FAULTIER-STRATEGIE

Das »Don't hurry, be happy«-Programm

Die letzte Häutung auf dem Weg zum Lebenskünstler. Halten Sie inne, entschleunigen Sie Ihr Leben – und Sie werden spüren: Nach don't hurry kommt automatisch be happy.

Entdecken Sie die Langsamkeit

Ein Flaneur, Müßiggänger im 19. Jahrhundert, war ein in feines Tuch gekleideter Mann, der eine Schildkröte an der Leine spazieren führte. Bewegen Sie sich an einem hektischen Einkaufssamstag so durch die Fußgängerzone, die nächste Flaniermeile, als hätten Sie eine Schildkröte an der Leine.

Kommen Sie zur Be-Sinnung

Versuchen Sie immer wieder, Dinge bewusst zu tun, mit Ihren Sinnen. Wenn Sie essen, dann schmecken Sie, wenn Sie duschen, dann fühlen Sie den warmen Strahl. Legen Sie sich auf die Couch und hören Sie 30 Minuten lang klassische Musik. Konzentrieren Sie sich nur auf das, was Sie hören. Schalten Sie Ihre Gedanken aus.

Entschleunigen Sie den Alltag

Machen Sie sich ein magisches Bild. Holen Sie eine Situation, in der Sie gelassen und völlig ruhig waren, aus Ihrer

Erinnerung. Und immer, wenn Sie in Stress geraten, hören Sie auf zu arbeiten, egal ob Sie bügeln oder denken. Atmen Sie ein und tieeeef auuuus, ein und tieeeef auuuus. Und holen Sie Ihr Gelassenheitsbild vor Ihr geistiges Auge. Und spüren Sie, wie Ruhe in Sie einkehrt.

Suchen Sie den Kontakt mit der Natur

Gärtnern Sie. Egal ob am Fensterbrett, auf dem Balkon oder im Garten. Erde, Pflanzen, Natur sind der unerschöpflichste Pool der Zufriedenheit. Sie halten die Zeit für Sie an, entschleunigen das Leben – und schenken Glück pur. Ein Sinnspruch besagt: »Willst du einen Tag glücklich sein, dann trinke. Willst du eine Woche glücklich sein, dann schlachte ein Schwein. Willst du ein Jahr glücklich sein, dann heirate. Willst du ein Leben lang glücklich sein – so werde Gärtner.« Alles über Garten und Pflanzen unter: *www.garten.de*

n. Chr. zählte Rom 150 000 Sozialhilfeempfänger

Das »Don't hurry, be happy«-Programm

5 Lassen Sie sich keinen (Zeit-)Druck machen

Immer wenn jemand zu Ihnen sagt: »Könnten Sie mal schnell ...?«, fragen Sie, ob es denn nicht auch langsam geht. Das gilt übrigens auch für Sie selbst. Sie sind der größte Zeitdruckausüber. Kommt Stress auf – er ist subjektiv, gemacht aus Ihren Gedanken –, dann sagen Sie sich: Ich nehme mir die Zeit, die ich brauche. Und die habe ich auch.

6 Lächeln Sie

Haben Sie schon gesehen? Faultiere lächeln immer. Lächeln hält die Zeit an. Für Sie – und für andere Menschen. Also Mundwinkel nach oben ziehen und ein kleines Leuchten in die Augen bringen, das verjagt auch schlechte Laune. Halten Sie diesen Ausdruck eine Minute. Verhaltensforscher haben festgestellt, dass nicht nur die Gefühle für unsere Mimik verantwortlich sind, sondern auch umgekehrt die Mimik das zugehörige Gefühl erzeugt. Eine Minute lächeln hebt fühlbar die Stimmung. Probieren Sie es aus.

7 Spüren Sie Flow auf

Flow ist das, was passiert, wenn Sie mit Ihrem optimalen Stresslevel in einer Tätigkeit aufgehen. Wenn die Zeit ihre Bedeutung verliert. Das Schaffensglück pur. Prof. Csikszentmihalyi, der Entde-

cker des Flow, rät: Über 14 Tage hinweg vom Aufstehen bis zum Schlafengehen alle 15 Minuten aufschreiben, was man gerade tut. Und die Gefühle dazu notieren. So finden Sie die Tätigkeiten heraus, die Sie glücklich machen. Sie werden feststellen: Flow taucht häufiger in der Arbeit als in der Freizeit auf. Viele Menschen wissen nicht, wie sehr sie ihre Arbeit lieben.

8 Reservieren Sie sich einen Faultag

Machen Sie keinen Plan, sondern stöpseln Sie das Telefon aus, legen Sie Musik auf und tun Sie nichts weiter, als vor sich hin zu träumen. Die Zeit läuft Ihnen nicht davon. Sie gesellt sich zu Ihnen. Scheint die Sonne, suchen Sie sich ein Stück Natur. Decke ausbreiten, hinlegen, Grashalm kauen, faul sein. Wenn Sie über die Unruhe hinweg sind, Ihre schlechten Gefühle beherrschen, verändert sich Ihr Zeitgefühl, die inneren Rhythmen Ihrer Phantasie tragen über äußere Zeitgeber den Sieg davon. Sie haben den meditativen Zustand innerer Ruhe erreicht.

Fertig mit dem Programm? Dann sind Sie reif für den letzten Schritt. Ab der nächsten Seite lernen Sie die Kunst, rumzuhängen.

Knapp unter 100 Minuten braucht ein ICE von Augsburg nach Bamberg, nämlich **99**

5. Schritt:
Lerne die Kunst, rumzuhängen

Das Faultier hängt in seinem Baum. Gelassen, zufrieden, ruhig. Wann lagen Sie zuletzt in einer Hängematte? Gelassen, zufrieden, ruhig? Und wie sieht Ihre persönliche Hängematte aus? Der Ort, der Zustand, in dem Sie sich als Mensch fühlen? Was dem einen die Hängematte am Strand, ist dem anderen der Berg, der Zoo, das Café oder das Kloster. Sie haben nun das Rüstzeug fürs »Faulsein« bekommen. Sie verschwenden keine Energie, konzentrieren sich auf das Wesentliche, können auf Zeitlupe runterschalten, wissen, wie man meditiert – und nun wenden Sie das einfach alles an.

Platzreife für den Dschungel voller Faultiere erzielen Sie mit dieser Übung:

➤ Konzentrieren Sie sich ein Wochenende lang nur auf das Wesentliche. Schlafen, Essen, Lieben, Schlafen. Sobald Sie das ohne schlechtes Gewissen können, gehören Sie zur Spezies »Faulpelz«. Und sind reif dafür, einfach rumzuhängen. Was braucht man zum Rumhängen? Nur eine große Schaufel namens Muße, mit der man das durch rege Geschäftigkeit verschüttete Lebensgefühl freischippt. Und plötzlich lebt man wieder, spürt man wieder, fühlt Zufriedenheit und Glück. Don't hurry, be happy.

5. Schritt: Lerne die Kunst, rumzuhängen

Ein Plädoyer für Teilzeitarbeit

Wo finden Sie die Zeit für mehr Muße? Ganz klar: am Wochenende, das Sie ab und zu verlängern. Im Urlaub. Jeden Tag, zwischendurch. Und wer mehr will: weniger arbeiten, mehr Währung auf dem Zeitkonto – warum nicht?

● 17 Prozent der Deutschen beantragen Teilzeit. 37 Prozent haben ein Arbeitszeitkonto: arbeiten, wenn viel Arbeit anliegt, pausieren, wenn im Betrieb Flaute herrscht.

● Jobsharing liegt im Trend: Zwei oder mehr Arbeitnehmer teilen sich eine Stelle.

● Unter »Teilzeit invest« versteht man: Vollzeit arbeiten, Teilzeit bezahlt bekommen. Die Differenz wandert auf ein Zeit- oder Geldguthabenkonto. Das kann man dann in ein Sabbatical investieren: Man nimmt sich für einen längeren Zeitraum Auszeit (Seite 105).

Lob des Müßigganges

Wer weniger arbeitet, muss überhaupt kein schlechtes Gewissen haben, im Gegenteil, das könnte viele Probleme lösen. Dieser Meinung war auch der englische Philosoph und Nobelpreisträger Bertrand Russell (1872–1970). Im »Lob des Müßiggangs« schrieb er 1957 (!): »Ich glaube, dass in der Welt viel zu viel gearbeitet wird, dass die Überzeugung, Arbeiten sei an sich schon vortrefflich und eine Tugend, ungeheuren Schaden anrichtet. .. Die Unterhaltung

... zum Nachdenken

Du wolltest leben
Und kamst nicht dazu.
Du willst leben
Und vergisst es vor lauter Geschäftigkeit.
Du willst das spüren, was in dir ist,
Und hast eifrig zu tun mit dem,
Was um dich ist –
Verschüttet ist dein Lebensgefühl!

Kurt Tucholsky (1890–1935)

der Stadtbewohner ist überwiegend passiv geworden: man sieht sich Filme an, geht zu Fußballspielen, hört Radio und so fort. Das ergibt sich aus der Tatsache, dass ihre aktiven Kräfte völlig von der Arbeit absorbiert werden; bei mehr Muße würden sie auch wieder an Unterhaltungen Vergnügen finden, bei denen sie aktiv mitwirken.« Russell sagt: Es war die Klasse der Müßigen, die das geschaffen haben, was wir Zivilisation nennen. Die die Künste förderten, die Wissenschaften entdeckten, die Bücher schrieben, Philosophien entwickelten. »Ohne die Klasse der Müßiggänger wären die Menschen heute Barbaren.« Russell ist der Meinung: »Wenn auf Erden niemand mehr gezwungen wäre, mehr als vier Stunden täglich zu arbeiten, … würde es wieder Glück und Lebensfreude geben statt der nervösen Gereiztheit, Übermüdung und schlechten Verdauung.« Jeder könne Muße

Der Film »Casablanca« mit Humphrey Bogart bietet so viele Minuten Genuss und Spannung: **101**

IN FÜNF SCHRITTEN ZUM LEBENSKÜNSTLER

genießen, seine Zeit aktiv gestalten. Maler könnten malen, ohne zu verhungern, Lehrer und Ärzte sich weiterbilden … Und es gäbe keine Kriege mehr. Weil die Menschen weniger misstrauisch und viel toleranter wären – und Krieg harte lange Arbeit bedeute. Er wirft uns vor: »Mit den modernen Produktionsmethoden ist die Möglichkeit gegeben, das alle Menschen behaglich und sicher leben können; wir haben es stattdessen vorgezogen, dass sich manche überanstrengen und die anderen verhungern. Bisher sind wir immer noch so energiegeladen arbeitsam wie zur Zeit, da es noch keine Maschinen gab; das war sehr töricht von uns, aber sollten wir nicht auch irgendwann einmal gescheit werden?«

Werden Sie gescheit, machen Sie öfters mal einen Break und küssen Sie die Muße.

Machen Sie einen Break …

… und entdecken Sie neue Kontinente

Der Dichter André Gide (1869 –1951) sagte einmal: »Man entdeckt keine neuen Kontinente, wenn man nicht bereit ist, für lange Zeit die Küste aus den Augen zu verlieren.« Dazu die Geschichte meiner Coaching-Klientin, einer erfolgreichen Journalistin. Sie konnte sich vor Aufträgen nicht retten, fing morgens um acht zu arbeiten an, hörte abends um 23 Uhr auf. Arbeitete am Wochenende, hatte drei Jahre keinen Urlaub mehr. Sie kam zu mir mit den Worten: »Es geht mir gut. Sehr gut. Doch ich fürchte – nach allem, was ich so über Burnout lese –, nicht mehr lange.« Ich riet ihr zu einer Auszeit, einfach mal raus aus den Zwängen, etwas anderes erleben. Und was sie erlebte, schilderte sie folgendermaßen:

»40 Kilo wog das schlechte Gewissen«

»Auszeit? Unmöglich. Was sagen da die Kunden? Das machen die nie mit. Ich krieg keinen Auftrag mehr. So lauteten meine Paradigmen, meine Bremsen im Kopf. Und was passierte? Ich nahm mir den Mut zum halben Risiko, schaufelte mir binnen kürzester Zeit zwei Monate frei. Und zog mich mit einem überschaubaren Projekt, einem Koffer mit 40 Kilo Büchern und Papier auf

---

TIPP von Lotta

Lust auf Teilzeit?

Ganz schön schade: Ein Anrecht auf Teilzeit hat man nicht. Jeder Chef kann das aus betrieblichen Gründen ablehnen. Aber fragen kann man schon. Machen Sie sich vorher beim Bundesarbeitsministerium schlau: www.teilzeit-info.de Oder kostenloses Infotelefon: 08 00/1 51 51 53

5. Schritt: Lerne die Kunst, rumzuhängen

Die schönsten Stunden des Tages, der Woche, des Jahres sind die, in denen man sich Auszeit nimmt, um neue Kontinente zu entdecken.

eine Finca in Llucmajor auf Mallorca zurück. 40 Kilo. So schwer wog mein schlechtes Gewissen. Nun denn. Auf der Finca stand ein Computer, ein Faxgerät, ein Telefon. Mehr brauchte ich nicht, um gleich am ersten Tag in meinen gewohnten Arbeitstrott zu verfallen. Das ging so lange gut, bis die Solarbatterien leer waren und ich den Generator nicht in Gang bekam – der Computer streikte, das Fax auch. Dass etwas nicht gleich wieder funktioniert, so wie ich es brauchte, war mir neu. Panik.

Einfach ver-rückt ...

Statt mich lange aufzuregen, hab ich etwas für mich ganz Verrücktes getan. Ich fuhr auf den Freitagsmarkt und kaufte mir zwei Hühner. Die weiße Clementine und die schwarze Eusebia. Und einen Hahn: August. Wieder zu Hause, war ein halber Tag vorbei. Ohne Arbeit. Ich rufe meine Oma an und frage sie: ›Wie ernährt man Hühner und einen Hahn?‹ Und dann fahre ich noch mal ins Städtchen, um Körner einzukaufen. Der Nachbar kommt, repariert den Generator, wir unterhalten uns bei einer Flasche Wein.

Ich schlafe elf Stunden, und am nächsten Morgen sitzen August, Eusebia und Clementine vor meiner Schlafzimmerterrasse und warten. Ich mach den Computer nicht an. Erst ein bisschen Hühner-Gucken. In

IN FÜNF SCHRITTEN ZUM LEBENSKÜNSTLER

den Ort fahren und im Café Colon ein Bocadillo essen. Und dann noch kurz beim Nachbarn vorbeischauen, der hat Pferde. Ich rechne nicht damit, dass das alles acht Stunden dauert. Womit ein ganzer Arbeitstag flöten geht.

Esel sind einfach klüger

Am nächsten Morgen stehen die Hühner vor der Tür – und der Esel vom Nachbarn auch. Ich hoffe, ihn mit einer Karotte zum Heimgehen zu motivieren. Er ist klüger als ich. Kaum hat er die Karotte verspeist, läuft er wieder zurück. Es kostet mich zwei Stunden, bis er wieder in seiner Koppel steht. Dann muss ich – ohne Geschirrspüler – noch abwaschen, aber der Blick aus dem Fenster auf die glücklichen Hühner und die lachsfarbene Bougainvillea machen das Spülen zu einem Ritual. Ich schalte das Handy ab – hab ich seit drei Jahren

Es gibt nichts Schöneres, als mit allen Sinnen die Welt und ihre Wesen zu erleben.

nicht getan. Und ich überlege mir schier, ob ich die Spülmaschine in Deutschland nicht abschaffe. Ich mache einen Streifzug durch den Garten, probiere meine erste Kakteenfrucht. Hole mit einer Pinzette die Stacheln aus dem Daumen.
Dann meldet sich mein Gewissen: Ich mach den Computer an. Falle in den Flow und schreibe und schreibe und schreibe. Zwei Stunden. Sechs Seiten. So viel schaff ich normalerweise an einem Tag.
Abends zünde ich mir Kerzen an. Die Batterie ist leer. Habe vergessen, Benzin für den Generator zu besorgen. Ich mache eine Flasche Vino tinto auf und rufe meine zwei besten Freundinnen an. Und berichte von Hühnern und Eseln und Kerzen. Ernte ein: ›Du klingst so fröhlich, gar nicht so gestresst wie sonst.‹

Er-leben mit Ritualen und allen Sinnen

Am nächsten Morgen steht der Gärtner Pablo vor einer Kakteenblüte. Eine Stunde später schau ich wieder aus dem Fenster. Er steht noch genauso da. Die abgebrannte Zigarre ist das einzige Zeichen, dass Zeit vergangen ist. Ich frage ihn: ›Wie würden Sie denn arbeiten, wenn ich nicht da wäre?‹ Er lacht und sagt: ›Genauso – nur, viel, viel langsamer.‹
In den nächsten beiden Monaten läuft eine andere Uhr. Sie lässt mir nur vier Stunden pro Tag Zeit am Computer. Und am Wochenende gar keine. Ich brauche Zeit für meine neu gewonnenen Rituale: Hühner gucken, Esel füttern, spülen, Benzin besorgen, Kerzen anzünden, auf der Plaza Espa-

104 Stunden braucht ein Haar des Menschen durchschnittlich, um 1,5 mm zu wachsen

5. Schritt: Lerne die Kunst, rumzuhängen

TIPP von Lotta

Ab auf die Insel

Ein Trend in Deutschland: raus aus dem Job, rein ins Abenteuer, ein Jahr Pause. Genannt Sabbatical. Und immer mehr Arbeitgeber spielen mit. Der Karriere tut das keinen Abbruch, sondern verleiht ihr eher einen Kick. Nach diesem Jahr fühlt man sich motivierter, hat leere Batterien aufgetankt. Und ein wenig Exotik im Bewerbungsschreiben kommt gut an. Träumen Sie nicht länger von der Insel – planen Sie Ihre Auszeit (Firmen gewähren in der Regel ein halbes bis drei Jahre).

➤ Sparen Sie für die Zeit, denn Sie müssen sie großteils selbst finanzieren. Wenn Sie keine fünf Sterne brauchen, reichen 5 000 bis 8 000 Euro für ein halbes Jahr.

➤ Bevor Sie mit dem Chef sprechen, informieren Sie sich über Sabbatical-Modelle anderer Firmen. Machen Sie Vorschläge, wie Sie Ihr Sabbatical durch Ansparen oder Vorarbeiten verdienen. Sagen Sie nichts vom Aussteigen und Abenteuertrip. Nennen Sie es Freistellung und Sprachurlaub.

➤ Der richtige Zeitpunkt: wenn die Auftragslage gerade keine Hochsaison hat. Steuerlich ideal: wenn zwei Kalenderjahre beteiligt sind.

➤ Empfehlen Sie Ihrem Arbeitgeber einen Kollegen, der Ihre Arbeit genauso gut erledigen kann.

➤ Wenn Sie verreisen: frühzeitig im Internet oder Tropeninstitut über nötige Impfungen informieren, eine Langzeit-Auslandskrankenversicherung abschließen. Rentenversicherungsbeiträge auf alle Fälle weiter bezahlen. Einem Freund eine Bankvollmacht geben, damit Rechnungen in Ihrer Abwesenheit beglichen werden können. Abos, Mitgliedschaften rechtzeitig kündigen. Versicherungen ruhen lassen oder Prämie reduzieren (sie brauchen aber weiterhin Hausrat, Haftpflicht, Rechtsschutz). Auto abmelden. Wohnung (mit Erlaubnis des Vermieters) untervermieten. Die Mitwohnzentrale vermittelt Bewohner auf Zeit.

ña Kaffee trinken, mit dem Nachbarn ausreiten, Freundinnen anrufen, Sonnenuntergang anschauen, dem Glöckchenkonzert der Schafherden lauschen. Leben. Ich bleibe nicht nur vor einer Blüte stehen, ich gucke sie mir an, rieche an ihr, betaste sie. Ich bringe ihr sogar das Interesse entgegen, in einem Botanikbuch über sie zu lesen.

Es scheint, als habe ich einen neuen Kontinent entdeckt, in dem Ozean, der für mich nur aus Arbeit bestand: die Welt, die Erde mit ihren Wesen, das Leben. Und das Merkwürdigste daran: In den vier Stunden im Arbeitsozean schaffe ich mehr als vorher den ganzen Tag.

Bingo. Danke, Lothar.«

Bis eine Ente schön knusprig ist, muss sie im Ofen viele Minuten braten, nämlich **105**

DIE FAULTIER-STRATEGIE

Kein Stress im Urlaub

Urlaub ist die schönste Zeit des Jahres, Müßiggang par excellence, don't hurry, be happy – denkste.

75 Prozent der Deutschen wünschen sich, einfach nur faul zu sein. Nur: Jeder Zweite kommt gestresster zurück als an. So nicht!

Kopieren Sie vor jeder Reise Ihre Reiseunterlagen (alle Tickets, Visa, Kreditkarten, Reiseschecks, Voucher, Gutscheine) zweimal. Einen Satz Kopien geben Sie einem Freund oder Nachbarn. Der andere kommt in Ihren Koffer (gemeinsam mit der Telefonnummer zum Sperren gestohlener Kreditkarten). Die Originale führen Sie im Handgepäck mit.

Verreisen Sie offiziell einen Tag früher. Sagen Sie Kunden, Lieferanten, dass Ihr Urlaub einen Tag früher beginnt. Sonst stapelt sich am letzten Tag die Arbeit auf Ihrem Schreibtisch, und Ihr Telefon klingelt unablässig.

Vereinbaren Sie am letzten Arbeitstag keine Geschäftsreise. Die dauern oft länger als geplant. Folge: Sie starten völlig außer Atem in den Urlaub.

Erledigen Sie wichtige und dringliche Aufgaben, die Sie nicht delegieren können. Sonst plagt Sie im Urlaub das schlechte Gewissen.

Urlaub ist Urlaub. Lassen Sie alle Akten, die Sie an Ihre Arbeit erinnern, zurück. Packen Sie auch keine Fachliteratur ein, die in Zusammenhang mit Ihrer Arbeit steht.

Sagen Sie Ihrer Sekretärin/Ihrem Stellvertreter: »Nach meinem Urlaub dürfen maximal so viele Vorgänge auf meinem Schreibtisch liegen, wie ich Urlaubstage habe.« Sonst verleidet der Gedanke an die Arbeit, die Sie erwartet, Ihnen die letzten Urlaubstage.

Sekunden benötigt eine Brieftaube bei gutem Wetter für rund 1800 Meter Flugweg

Kein Stress im Urlaub

- Vergessen Sie Ihr Handy im Büro. Wenn nicht, schalten Sie es im Urlaub ab, und lassen Sie die Telefonate in der Mailbox auflaufen. Dann entscheiden Sie, ob Sie und wann Sie zurückrufen.

- Lassen Sie Ihre Uhr zu Hause. Im Notfall können Sie immer jemand anderen nach der Uhrzeit fragen.

- Stimmen Sie sich bereits zu Hause auf den Urlaub ein. Zum Beispiel, indem Sie abends im Bett Reiseführer schmökern.

- Feiern Sie den Urlaubsbeginn. Wie wär es mit einem Gläschen Sekt im Flieger?

- Vergessen Sie im Urlaub alles, was Sie über das Thema Zeitmanagement gehört haben. Im Urlaub gibt es keine »wichtigen« und »dringlichen« Aufgaben – außer dass Sie sich erholen.

- Übertragen Sie das Leistungsdenken, dem Sie alltags huldigen, nicht auf den Urlaub. Sie müssen nicht jeden Berg erklimmen und jede Kirche besichtigen.

- Lassen Sie »fünf gerade sein«. In der Arbeit können Sie dem Null-Fehler-Prinzip und der Maxime »Der Kunde ist König« huldigen. Doch im Urlaub? Da sollten Sie eher »Macht nichts« denken. Sonst ärgern Sie sich über jeden lahmen Kellner.

- Lesen Sie keine Tageszeitungen und Wirtschaftsmagazine. Werfen Sie insbesondere den Börsenteil sofort in den Papierkorb.

- Feiern Sie das »Gipfelfest« – zum Beispiel mit einem Cocktail. Freuen Sie sich, dass Sie noch den halben Urlaub vor sich haben.

- Gerade im Urlaub gilt: »Wenn du es eilig hast, gehe langsam.« Je weniger Angst Sie haben, etwas zu versäumen, umso schneller erholen Sie sich.

- »Verlängern« Sie Ihren Urlaub. Sagen Sie allen Personen, mit denen Sie nicht direkt zusammenarbeiten, dass Sie erst zwei Tage später zurückkehren. Sonst bimmelt Ihr Telefon nach der Rückkehr unablässig. Dann ist die Erholung im Handumdrehen verflogen.

- Behalten Sie den Urlaub in Erinnerung: mit einem Bild auf Ihrem Schreibtisch. Dann können Sie ab und zu von der Südsee oder den Bergen träumen.

Mehr als 10 000 Gladiatoren fielen den Löwen zum Opfer im Jahr (n. Chr.)

IN FÜNF SCHRITTEN ZUM LEBENSKÜNSTLER

Wen die Muße küsst, der ...

... genießt den Augenblick

Zeit ist das, was Menschen vorgeben, nicht zu haben. Was uns die Biologie begrenzt mitgegeben hat. Zeit ist das Luxusgut unserer Gesellschaft. Man kann sich keine zusätzliche Zeit kaufen, wohl aber die vorhandene verschwenden – oder sinnvoll nutzen. Man kann sie erfüllen, indem man sie erlebt. Denn was wirklich zählt, die einzige wichtige Zeit, ist der Augenblick.

Die meisten Menschen machen den Fehler, dass sie viel zu lange in den Rückspiegel blicken: »Was habe ich gedacht, was habe ich gemacht, was haben die anderen darüber gedacht? Oje, bestimmt nichts Gutes.« Gewiss, man kann und soll aus Fehlern lernen, Erkenntnisse sammeln, Erlebtes kurz analysieren. Und genauso schnell ablegen

... zum Nachdenken

Die wichtigste Stunde ist immer die Gegenwart; der bedeutendste Mensch ist immer der, der dir gerade gegenübersteht; das notwendigste Werk ist immer die Liebe.

Meister Eckart (um 1260–1328)

unter der Rubrik Erfahrung. Nur: Viele Menschen nehmen die Vergangenheit viel zu wichtig. Sie interpretieren, bewerten Vergangenes, grübeln über Dinge, die nicht mehr zu ändern sind. Damit blockieren sie die Gegenwart, den Augenblick. Der Dalai Lama drückt das so aus: »Wenn Sie Ihre Vergangenheit kennen wollen, dann schauen Sie auf Ihre aktuelle Situation. Wenn Sie Ihre Zukunft kennen wollen, schauen Sie sich Ihre jetzigen Taten an.«

Viele Menschen sind auf die Zukunft fixiert. Aus dem einfachen Grund: Sie haben Angst. Das Morgen ist unbestimmt. Der Mensch hat Angst, weil er seine Zukunft nicht kennt. Angst um den Job, Angst vor dem Alter, Angst, den Partner zu verlieren … Und diese Angst lässt uns die Gegenwart verpassen. Die Gunst des Augenblicks.

Nutzen Sie jede Minute bewusst

Ein Tag hat 1 440 Minuten. Jede Minute ist kostbar. Also entscheiden Sie aufmerksam und vorsichtig, welche Dinge Sie tun wollen. Wenn Sie das Gefühl haben, Ihre Zeit zu verschwenden, ist das allein Ihre Entscheidung, und es liegt allein in Ihrer Macht, dies zu ändern.

... spielt. Spielen Sie, das Leben ist ein Spiel

Spielen ist leben. Warum Sie die spielerische Form des Glücks in Ihr Leben einbauen sollten, erzählt Spieleerfinder Albrecht Wehrstein vom Zoch-Verlag in München: »Wir leben in einer hektischen Zeit, in der

108 *Minuten dauerte 1961 der erste Raumflug von Juri Gagarin*

5. Schritt: Lerne die Kunst, rumzuhängen

Schachmatt! Sicher, dieser Moment ist nur für einen Glück pur. Doch die Stunden davor ist das Leben ein fröhliches Spiel: lachen, freuen, diskutieren, ärgern …

der Mensch ziemlich isoliert vor Bildschirm und piepsenden Geräten sitzt – und dabei verlernt er Kommunikation in ihrer ursprünglichen Form. Und das bringt ihn aus der Balance. Er verliert den Blick dafür, was das Leben lebenswert macht: Spielen ist Muße pur.

Schauen Sie doch nur den Menschen zu, die in den südlichen Ländern am Brettspiel sitzen. Den Gedanken nachhängen und ins Spiel zurück driften. Gespräche einflechten. Und gemütlich süßen schwarzen Kaffee trinken. Spiele spielen gibt Werte zurück: Gemeinsam lachen, sprechen, sich in die Augen sehen, in der Gruppe sein – Kommunikation pur.

Spielen ist Konfliktmanagement: Spielend lernt man Konflikte auszuleben. Gewinnen muss nicht Vernichten sein, sondern stilles Genießen. Verlieren ist eine Niederlage, die man kompensieren kann: Ich habe drei schöne Stunden erlebt. Und das nächste Mal bin ich vielleicht der Gewinner. Das Spiel lockt archetypische Emotionen: Freude, Schadenfreude, Ärger … Und jedes Spiel ist eine kleine Lebensschule, die die Erkenntnis bringt, dass auch das Leben nichts anderes ist als ein großes Spiel. Mit

IN FÜNF SCHRITTEN ZUM LEBENSKÜNSTLER

mir als Spielfigur versuche ich, das Beste daraus zu machen. Meine zehn Lieblingsspiele: Doppelkopf, Schach, Skat, Risiko, Kreml, Bausack, Activity, König der Sterne, Liars Dice.

Und das Lexikonspiel. Das geht so: Einer sucht einen Begriff aus, den keiner kennt, und alle schreiben auf den Zettel, was sie meinen, was das wäre. Nur eine Antwort ist richtig – die des Fragenstellers. Punkte bekommt der, der die meisten mit seiner genialen Antwort reingelegt hat.«

... liest Lebensbücher

»Es gibt nichts im Leben, wozu es kein Buch gibt« lautet das Motto der Website *www.Lebensbuecher.net* Dort nennen unabhängige Leser ihre persönlichen Lebensbücher. Diese Website hat mich inspiriert, meine Freunde nach ihren Lebensbüchern zu fragen – und diese zu lesen. Das gibt einen der schönsten und intensivsten Gesprächsstoffe, die man sich vorstellen kann. So kam ich zum Beispiel auf ein wunderbares, einzigartiges Buch über die Freundschaft: »Die Glut« von Sándor Márai. Noch nie habe ich mit Freunden so viele Stunden damit verbracht, über Freundschaft zu diskutieren.

Und ich habe mir auch Gedanken über meine Lebensbücher gemacht. Über die Bücher, die ich mit auf die viel zitierte einsame Insel nehmen würde. Hier nenne ich Ihnen eine Auswahl der Bücher, die für mich und viele andere wichtig waren und die ich nicht missen möchte:

Die unendliche Geschichte: Lesen. In eine andere Welt eintauchen. Abenteuer erleben. Zurückkommen. Reifer, reicher an Erfahrung. Profitieren für das eigene Leben.

- Hermann Hesse: Siddharta
- John R. R. Tolkien: Der Herr der Ringe
- Antoine de Saint-Exupéry: Der kleine Prinz
- Patrick Süskind: Das Parfum
- Isabel Allende: Das Geisterhaus

110 *Jahre beträgt das Höchstalter des Blauwals*

5. Schritt: Lerne die Kunst, rumzuhängen

- Gabriel García Márquez: Hundert Jahre Einsamkeit
- Jerome D. Salinger: Der Fänger im Roggen
- Robert Musil: Der Mann ohne Eigenschaften
- Thomas Mann: Der Zauberberg
- Milan Kundera: Die unerträgliche Leichtigkeit des Seins
- Max Frisch: Stiller
- Sten Nadolny: Die Entdeckung der Langsamkeit
- Michael Ende: Momo

... ist auch mal ver-rückt

Der Weg vom Arbeitsesel zum Faultier führt über den Adler. Einfach mal verrückt sein. Die Grenzen verschieben. Und wie macht man das? Ganz einfach: indem man sich an Neues wagt, sich zu tun traut, was man sich nicht zutraut, äußere Schranken überwindet, die innere Blockade wegblasen. Das können Sie zum Beispiel beim Marathon, am Bungee-Seil, am Fallschirm – oder im Hochseilgarten aus Sprossen, Balken, Schlingen, Seilen vom Um-die-Welt-Radler Hubert Schwarz.

»Power of mind« heißt das Motto seiner Seminare. »Wer körperliche Grenzen überwindet, verschiebt auch die Grenzen im Kopf: Ich kann das, ich tu das. Das Erfolgserlebnis, sich etwas Neues zu trauen, auf einem gespannten Seil in 4,5 Meter Höhe sechs Meter zu überwinden, gibt einem auch Power Neues im beruflichen und privaten Bereich auszuprobieren. Das High-

light im Hochseilgarten ist der ›pamperpool‹. Ein neun Meter hoher Baumstamm, den man mit Hilfe von Haken besteigt, sich oben auf einer kleinen Plattform aufrichtet – und von dem man drei Meter im freien Flug herunterspringt. Gesichert durch Seile, die Kollegen unten festhalten.

Wer das Erlebnis hat, solche Hindernisse überwinden zu können, findet einen Schlüssel für ein verschlossenes inneres Zimmer. Grenzerfahrungen machen Gefühlswelten zugänglich, die verschüttet waren – von Ohnmachtsgefühlen bis Mut.«

Infos: *www.hubert-schwarz.com*

TIPP von Lotta

Täglich 10 Minuten lesen

Menschen sind komisch. Sie leben inmitten zimmerhoher Regale voller Bücher. Und haben keine Zeit, sie zu lesen. Dabei ist es ganz einfach, auch bei einem vollen Tag zu lesen, was Spaß macht.

➤ Reservieren Sie sich täglich 10 Minuten dafür – zu einer festen Zeit (ob im Bett, auf dem Lieblingssessel oder sogar auf dem stillen Ort). Sie werden erstaunt sein, wie dieses kleine Ritual Ihr Leben bereichern wird. Und wie schnell aus den 10 Minuten 11, 12 oder 30 werden.

30,8 m/sec fährt ein Auto, wenn die Tachonadel hier steht:

IN FÜNF SCHRITTEN ZUM LEBENSKÜNSTLER

Die kleinen, alltäglichen Sorgen bringen das Fass irgendwann zum Überlaufen. Endstation: Burn-out, völlige Erschöpfung.

... kennt keinen bösen Stress

Der schlimmste Mußekiller: Stress. Macht rumhängen wirklich unmöglich. Darum hat das Faultier als Künstler des Rumhängens auch nur selten wirklichen Stress. Dann, wenn der Haubenadler, einer der stärksten Greifvögel, ihn zufällig in den Wipfeln des Dschungeldickichts entdeckt. Dann fängt es an zu zittern. Kämpfen oder flüchten? Keine Chance, es bleibt sitzen. Tun wir auch, wenn Stress aufkommt. Wir flüchten nicht, wir kämpfen nicht, um die Stresshormone abzuarbeiten, wir bleiben sitzen. Unser Feind heißt nicht Haubenadler, der uns kurzfristig die Haare zu Berge stehen lässt, sondern die ständig quälenden, alltäglichen kleinen Sorgen.

Das Finanzamt, der miese Kollege, die quengelnden Kinder, der brüllende Chef, der Zeitdruck. Diese tagtägliche Infusion mit Stresshormonen macht Körper und Seele kaputt: Wir sind erschöpft, oft unkonzentriert, ängstlich und konfus. Schlafstörungen, Magenschmerzen, Nackenverspannung, Depressionen, Herzrasen – Zeichen, dass nicht wir den Stress, sondern er uns beherrscht.

Die richtige Dosis verleiht Flügel

Stress hat uns nur im Griff, wenn wir das Gefühl haben, Opfer zu sein, etwas nicht zu meistern. Im Grunde brauchen wir die Antriebsfeder Stress, die richtige Dosis verleiht uns Flügel. Ein gewisses Maß an Stress weckt den Geist, aktiviert den Körper, schenkt uns Energie eine Aufgabe zu bewältigen. Nur zu viel ist eben zu viel.

Drücken Sie rechtzeitig den »Reset«-Knopf. Jeder hat ihn im Körper. Sich Zeit nehmen und Muße tanken – das tilgt den Stresscocktail aus der Blutumlaufbahn. Der Blutdruck sinkt, der Puls schlägt langsamer – innere Ruhe kehrt ein, die Seele kommt ins Lot. Don't hurry, be happy.

Ständige Muße mündet in gähnender Langeweile. In bleierner Müdigkeit. Sie müssen einfach Ihr Maß an Stress finden, das Ihnen gut tut. Die Faultier-Strategie auf den nächsten Seiten hilft Ihnen dabei.

DIE FAULTIER-STRATEGIE

So haben Sie den
Stress im Griff

Ein paar Schritte zu mehr Müßiggang, und Ihnen wächst
ein dicker Pelz, der Sie gegen Stress wappnet.

Haubenadler erkennen. Was verursacht intensive negative Gedanken und Gefühle wie Zorn, Ärger, Irritation, Traurigkeit, minderes Selbstwertgefühl? Beobachten Sie sich eine Woche lang und notieren Sie die Feinde. Ihre Gedanken.

Darüber sprechen. Die beste Stressverarbeitung läuft über das Gespräch (sogar über das mit sich selbst). Frauen sind da klüger. Sie sprechen sich häufiger den Stress von der Seele. Ist keiner da? Dann schreiben Sie die Sorgen klein. Emotionen lassen sich gut verarbeiten, wenn man sie aufschreibt.

Tief durchatmen. Und wenn Sie den Stressor erkannt haben, dann bekämpfen Sie ihn nicht, sondern nehmen Sie sich Zeit. Holen Sie tief Luft. Und denken Sie nach.

Sofort entscheiden. Aufgeschobene Entscheidungen lähmen und setzen unter Stress. Jede getroffene Entscheidung zeigt: Aufgabe bewältigt. Setzt so Energien frei und schafft Zufriedenheit.

Plus-minus-null-Regel. Wenn Sie eine zusätzliche Aufgabe annehmen – egal ob beruflich oder privat –, geben Sie konsequent eine alte dafür ab.

Tag vorausplanen. Am Abend vorher eine To-do-Liste für den nächsten Tag machen. Prioritäten festlegen und diese im Leistungshoch vormittags oder nachmittags erledigen. Das Unangenehme zuerst. Dann macht das andere viel mehr Spaß.

Belastung verlangt Belastung. Der beste Weg aus der Stressfalle ist immer noch Bewegung. Regelmäßig, am besten täglich 30 Minuten. Mäßig, sodass Sie sich während des Trainings unterhalten können. Ohne Zeitdruck. Im Freien: Frische Luft, Licht, Natur verdoppeln den Entspannungseffekt.

Starke Gedanken. Fühlen Sie Stress in sich hochkriechen, dann setzen Sie einen Antisatz dagegen: »Das schaff ich schon. Ich hab die Zeit, die ich brauche. Ich muss nicht perfekt sein ...«

Feierlich eingeweiht wurde das Trajansforum in Rom im Jahre (n. Chr.) 113

IN FÜNF SCHRITTEN ZUM LEBENSKÜNSTLER

Tappen Sie nicht in die Dringlichkeitsfalle. Wägen Sie bei anliegenden Arbeiten ab, ob das jetzt wirklich wichtig ist. Und ob Sie das machen müssen oder es delegieren können.

Lassen Sie los. Je mehr Sie sich aufbürden – egal ob Arbeit, materielle Dinge oder Verpflichtungen –, desto stärker setzen Sie sich unter Druck. Prüfen Sie bei jeder Muss-ich-haben-, Muss-ich-machen-Entscheidung, ob weniger nicht mehr ist.

Melden Sie sich heute noch bei einem Entspannungstrainingskurs an. Oder schreiben Sie es wenigstens jetzt gleich auf Ihre To-do-Liste. Und tun Sie es binnen der nächsten 72 Stunden.

Trinken Sie täglich ein Glas Tomatensaft, das ideale Anti-Stress-Elixier. Es hilft, den stressbedingt erhöhten Blutdruck zu senken.

Füllen Sie Ihre leeren Tanks mit Antioxidanzien (Vitamin C und E, Beta-Carotin, Selen) auf. Sie wappnen Ihre Körperzellen gegen die Folgen des Stresses.

Trinken Sie täglich 3 Liter Wasser. Denn Wasser ist das Elixier, das die Folgen des Stresses (saure Ablagerungen, Schlacken) aus Ihrem Körper spült – und ihn durch Entsäuerung stressresistent macht.

Zeitinsel nach der Arbeit nehmen. Am häufigsten kommt es direkt nach der Arbeit zum Streit in der Partnerschaft. Erst mal allein kurz entspannen, runterkommen vom Job. Dann den Partner in die Arme nehmen – und ein Kompliment machen.

Pflegen Sie Beziehungen. Das beste Polster gegen Stress: Freunde. Und das Gespräch mit ihnen.

Halten Sie die Pausen ein ... Machen Sie jedes Jahr mindestens drei Wochen am Stück einen schönen Urlaub – das kann ruhig auch mal in Balkonien sein. Gönnen Sie sich regelmäßig ein langes Wochenende Auszeit. Studien zeigen: Kurzzeiturlaube laden effektiv mit Energie auf.

... auch im Job. Das Gehirn braucht alle 90 Minuten eine Auszeit. Gegebenenfalls Wecker stellen.

Gut ist besser als perfekt. Der stärkste Flowkiller ist Perfektion. Wie Sie aus dieser Ich-muss-perfekt-sein-Falle rauskommen, steht auf Seite 61.

Lesen Sie. Besorgen Sie sich »Das Bumerang-Prinzip: Mehr Zeit fürs Glück«. In meinem Buch finden Sie alles, was das Leben entspannter und lebenswerter macht.

5. Schritt: Lerne die Kunst, rumzuhängen

Prinzip Zzzzz ...

Des Faultiers schönste Zeit

Viele halten den Schlaf für vergeudete Zeit. Sie irren. Schlaf ist wesentlich. Er polstert die Nerven, entsorgt die Seele, verjüngt Geist und Körper.

Die wirklich wichtigen Dinge zählt das Faultier an seinen drei Krallen ab: schlafen, fressen und wieder schlafen ... Das Faultier verschlummert sechzig Prozent seiner Lebenszeit, der Löwe sieben Achtel, wir gönnen uns nur ein Drittel. Der Bär legt sich im Spätherbst aufs Fell und verbringt den ganzen Winter auf dem Pelz. Er überlebt die futterarme Zeit instinktiv faul. Hält zwar keinen Schlaf, aber wach ist er auch nicht, er hält einfach eine bärig lange Ruhepause ein. Das interessierte übrigens die NASA, auf der Suche nach Erkenntnissen, wie man Menschen auf Langzeitraumflüge schicken kann.

Sleep-Management statt Winterschlaf

Auch uns steckt die Lust auf mehr »Honig der Nacht« in den Knochen, vor allem in den dunklen Monaten. Nur: Statt wie der Eiszeitmensch Kälte und Lichtmangel mit Liebesspiel und unmäßigem Schlaf zu kontern, uns warm und weich zu betten und die Trägheit genüsslich in die Arme zu schließen, ersticken wir das biologische Bedürfnis in Halogen und Lux, an Computertasten und Kraftmaschinen. Wir berauben uns einer natürlichen Medizin, ernten Unbehagen und stürzen ab in die Winterde-

Schauen Sie sich im Tierreich um, was da gepennt, gedöst, geratzt, geträumt wird – ohne ein Gramm schlechtes Gewissen.

pression. Wir vergessen: Schlaf polstert die Nerven, heilt den Körper. Träume putzen die Seele. Der Chirurg und Schriftsteller Carl Ludwig Schleich propagierte in den 1920er Jahren, der Mensch solle die Hälfte seines Lebens verschlafen, dann könne er in der verbleibenden Hälfte viel mehr leisten. Nur liegt bei uns der Kurzschläfer im Trend. Wir arbeiten das halbe Leben, und die andere Hälfte verbringen wir mit Überstunden. Ergänzend zum Time-Management, das den Tag verlängert, die Arbeitszeit dehnt, kommt Sleep-Management einher. Es verkürzt die Nacht, zwackt zwei Stunden Schlaf und Erholung ab. Die Folgen: Wir werden des Stresses nicht mehr Herr, erkranken an Leib und Seele.

Der »100-jährige Krieg« (England–Frankreich, 1338–1453) dauerte in Wahrheit so viele Jahre: **115**

IN FÜNF SCHRITTEN ZUM LEBENSKÜNSTLER

TIPP von Lotta

Viva la siesta

Woran erkennt man Faultiere auf der ganzen Welt: Sie halten einen Mittagsschlaf. Der »Power-Nap« ist in amerikanischen und japanischen Unternehmen schon fast ein Muss. Weil es die Produktivität der Firma steigert und Fehler und Unfälle messbar zurückgehen. Berühmte Mittagsschläfer waren Winston Churchill, Isaac Newton, Benjamin Franklin, Albert Einstein, Konrad Adenauer, John F. Kennedy, Margaret Thatcher. Bei uns leisten sich das nur fünf Prozent der arbeitenden Bevölkerung. Obwohl viele Studien zeigen, wie effektiv so ein Schläfchen von 10 bis 30 Minuten sein kann: Die Leistung steigt um 35 Prozent. Die Fähigkeit, Entscheidungen richtig zu beurteilen, verbessert sich um 50 Prozent.

▶ Das »Power-Schläfchen« kann man am Schreibtisch halten. Stellen Sie einfach einen Wecker oder Ihr Handy. Probieren Sie aus, wie viel Schlafzeit Ihnen gut tut: Zu viel lockt Hormone, die völlig müde machen. Türe schließen mit einem »Bitte nicht stören«-Schild dran. Auf einer Gymnastikmatte bequem machen oder im Stuhl, Füße auf dem Tisch. Und Energie tanken. Übrigens: Mittagsschläfer erleiden um 30 Prozent seltener einen Herzinfarkt als Leute in einem vergleichbaren Job, die sich tagsüber nicht ausruhen.

Tiefschlaf für die Schönheit

So schön kann schlafen sein: Die Muskeln zucken. Sanft gleiten wir ins Nebelland, wälzen uns herum, bis sich Bequemlichkeit einstellt. Wir sinken in Morpheus' Arme, bis wir nach 20 Minuten ins tiefe Tal abgetaucht sind: in die Tiefschlafphase. Die Augen stehen still, die Gehirnwellen schwingen sanfter, das Herz schlägt langsam, der Atem flacht ab, der Stoffwechsel läuft auf Sparflamme. Die Wachstumshormone reparieren die Zellen. 40 Minuten lang schüttet der Tiefschlaf seine Heilmittel über den Körper, der Geist ruht. Der Spruch vom Schönheitsschlaf kommt nicht von ungefähr. Die Zirbeldrüse wird nachts aktiv. Der kirschkerngroße Gewebeknoten im Gehirn reagiert auf Dunkelheit und Licht, hält Schlaf-und-Wach-Rhythmus im Takt. Die Drüse spült Melatonin in den Körper. Der Botenstoff der Dunkelheit lässt uns selig schlummern – und hält uns jung. Melatonin schluckende Forschermäuse leben um ein Fünftel länger. Und pflanzt man alten Mäuserichen junge Zirbeldrüsen ein, werden sie mit jedem Melatoninschub munterer, legen glänzendes Fell an, bauen Muskeln auf – und sprühen vor Potenz.

Traumbilder der Seele

Weiter geht die Reise ins Land der Träume. Sanft tauchen wir aus der Tiefe, wälzen uns hin und her, bis die Muskulatur erschlafft. Unter den Lidern flackern die Augen (Rapid Eye Movement) – die REM-Phase setzt ein. Die Selbstkontrolle schläft, Erlebnisse

5. Schritt: Lerne die Kunst, rumzuhängen

und Konflikte werden in bunten Bildern ausgetragen. Nachts gehen Wünsche in Erfüllung, werden Sehnsüchte gestillt – die Seele heilt. Sigmund Freud nannte die Träume den »Königsweg zum Unbewussten«. Wer sich an seine Nachtfilme erinnert, lernt sich besser zu verstehen: Wir lesen in ihnen unsere Wünsche, Ängste und Konflikte.

Träumen kann jeder. Den vermeintlich Traumlosen raten Psychologen: Man muss sich einfach vornehmen, auf seine Träume zu achten. Nur wer sich, sein Unbewusstes, seine Sorgen ernst nimmt, kann die Bilder der Seele festhalten und verstehen lernen.

Auf Traumschlaf folgt wieder Tiefschlaf – die Nacht beschert uns vier bis sechs 90-Minuten-Schlafzyklen. In der ersten Hälfte schlafen wir am tiefsten, der Körper erholt sich. Das muss nicht – wie früher angenommen – vor Mitternacht sein. In der zweiten Hälfte ist die Psyche dran: Gegen Morgen werden die Traumphasen immer länger. Wenn sich ein Langschläfer auf Kurzschlaf trimmt, kommt seine Seele zu kurz: Schlaf-Management heißt, die REM-Phase abzuschneiden – die Träume wegzunehmen. Im Schlaf probiert man unbewusst verschiedene Handlungsmöglichkeiten durch. Die Informationen im Gehirn werden geprüft, unwichtige Infos gelöscht, besonders wichtige ins Gehirn eingraviert. Untersuchungen beweisen, dass im Schlaf Gedächtnisinhalte vertieft werden. Und ganz besonders in den REM-Phasen der Morgenstunden. Zu frühes Aufstehen löscht also Erlerntes.

Benjamin Franklin, Blitzableiter-Erfinder und Mitunterzeichner der US-Unabhängigkeitserklärung, wusste: »Acht Stunden für die Frau, sieben für den Mann und sechs für den Narren.« Diese oder eine ähnliche Meinung vertreten heute auch die meisten Schlafforscher. Es ist genetisch verankert, wie viel Schlaf wir benötigen. Die Napoleons unter uns kommen mit fünf Stunden aus, die Einsteins benötigen zehn – die soll man ihnen gönnen. Männer sollten das Frühstück ans Bett bringen – Frauen brauchen oft mehr Schlaf. Obwohl sie, so neueste Studien, kurze Nächte leichter wegstecken. Der Philosoph Arthur Schopenhauer sagte: »Der Schlaf ist für den Menschen, was das Aufziehen für die Uhr ist.« Wie viele Runden er braucht, muss jeder selbst herausfinden. Wer nachts genug schläft, ist tags hellwach und gut drauf.

Recht hat Schopenhauer: »Der Schlaf ist für den Menschen, was das Aufziehen für die Uhr ist.«

DIE FAULTIER-STRATEGIE

20 Gebote für göttlichen Schlaf

Tabletten zwingen den Schlaf herbei, ersticken die Ursachen im Pharma-Koma. Jedem Dritten wird die Nacht zur Plage.

Vierzig Schlafstörer sind bekannt, die Hälfte davon organische Krankheiten, oft Sorgen, manchmal Wohngifte – da muss man einen Experten fragen. Manchem hilft es schon, einfach das Bett zu verrücken.

1. Du sollst den Wecker abschaffen!

Das Folterinstrument klingelt selten im Biorhythmus. Meistens reißt er uns aus dem Tiefschlaf. Dafür müssen wir den ganzen Tag büßen. Wer am Ende einer Traumphase aufwacht, ist erholter, selbst wenn er eine Runde (90 Minuten) weniger schläft. Aus Träumen holen uns sanfte Reize: Lassen Sie sich von der Sonne wach stupsen, wenn Ihr Schlafzimmer ein Ostfenster hat. Oder von Pianoklängen Robert Schumanns oder vom Duft des Kaffees.

2. Du sollst auf deine innere Uhr hören!

Schichtarbeit, Fernreisen, unterschiedliche Zeiten, ins Bett zu gehen, bringen unser sensibles Laufwerk aus dem Takt. Das schlägt auf den Magen, nagt an den Nerven, verursacht Kopfweh und Schlafstörungen. Bestes Schlummermittel: zu fester Zeit ins Bett gehen und von selbst aufwachen.

3. Lerche, du sollst keine Eule ehelichen!

Etwa 10 Prozent aller Schläfer gehören zur Spezies der Eulen: Sie schlafen ab zwei Uhr, tapsen mittags aus dem Bett, kommen nachmittags in die Gänge. Rund sieben Prozent (Gattung Lerche) zwitschern früh um sechs und schlüpfen unter die Decke, wenn Eulen ausfliegen.

4. Du sollst deinen Nächsten lieben!

Einen der wirksamsten Schlafcocktails servieren die Hormone nach dem Liebesspiel. Ermüdende Anleitungen finden Sie im Kamasutra und im Tantra.

5. Du sollst nicht frieren!

Sibirische Nächte setzen den Körper unter Dauerstress, Wärme zu produzieren. Stellen Sie den Thermostat auf Ihre persönliche Wohlfühltemperatur.

2O Gebote für göttlichen Schlaf

6. Du sollst das Fenster schließen!

Man schwitzt, strampelt sich frei: Zugluft weckt auf. Öffnen Sie Fenster und Türen zehn Minuten vor dem Zu-Bett-Gehen. Nach dem Schocklüften reicht die offene Zimmertür.

7. Du sollst die Bettdecke nicht teilen!

Einer zieht immer stärker. Besser: jedem seine eigene große Decke gönnen. 155 x 220 cm packen die Füße mit ein. Kühlen sie nämlich ein halbes Grad ab, wacht man auf. Ideal: körpergerechte Steppung. Mehr Füllung in größeren Karos wärmt eisige Füße, kleinere Karos mit weniger Flaum lasten nicht so schwer auf den Schultern.

8. Du sollst nicht schmoren!

In Plastik gehüllt oder zu dick verpackt, gart man im eigenen Saft. Gutes Bettzeug enthält Daunen, Kaschmir, Kamelhaar, Wildseide oder Baumwolle. Naturmaterialien nehmen die Feuchtigkeit auf und geben sie ab in den Raum.

9. Du sollst nicht nackt schlafen!

Aber auch nicht im ausgebeulten Baumwollschlafanzug mit Bettsöckchen – das verstößt gegen das vierte Gebot. Sieben Millionen Poren atmen und entgiften den Körper. 0,2 Liter Wasser schwitzen wir nachts aus: Dafür brauchen wir ein saugfähiges – und ansehnliches – Nachtkleid.

10. Du sollst dich bewegen!

Wer täglich 3 km läuft oder mindestens einmal pro Woche Sport macht, hat um 37 Prozent weniger Schlafstörungen.

11. Du sollst nicht grübeln!

Wer Sorgen mit ins Bett nimmt oder Schlaf erzwingen will, verschreckt das Sandmännchen. Angst vorm Wachliegen schüttet Adrenalin aus und garantiert Wachliegen. Lieber das Bett verlassen, Musik hören oder ins Tagebuch schreiben – es schluckt Kummer.

12. Du sollst dich vorbereiten!

Adrenalin hat eine Halbwertszeit von 30 Minuten – man sollte es vor der Schlafzimmertür lassen. Spazierengehen hilft beim Abbauen des Stresshormons. Ein moderater Saunagang oder ein Vollbad schalten den Körper um auf Regenerieren. An der Sprossenwand hängt man die tagsüber gestauchte Wirbelsäule aus – dann ist man reif fürs Betthupferl. Schokoholics wissen: Kohlenhydrate lassen gut einschlafen.

13. Du sollst nicht deines Nachbarn Matratze begehren!

Schlafprofis halten das Grand Lit für eine unselige Erfindung. Wälzt sich ein Schläfer, schaukelt der andere mit. Rost und Matratze können sich nur auf ein Gewicht einrichten. Rettung für Kuschelfreunde: zwei getrennte Lattenroste.

Eine Katze verbringt pro Woche mit Schlafen und Dösen die meisten Stunden, nämlich

IN FÜNF SCHRITTEN ZUM LEBENSKÜNSTLER

14. Du sollst nicht durchhängen!

Egal ob Federkern, Latex, Wasserbett oder Rosshaar, wichtig ist, dass der Bettenfachmann jedem Schläfer Matratze und Rost maßschneidert. Das garantiert Punkt-Elastizität ...

15. Du sollst fernöstliche Weisheit annehmen!

Mit der uralten chinesischen Ökokunst »Feng Shui« zieht positive Lebensenergie (Chi) in die Schlafzimmer ein. Stellen Sie das Bett in eine geschützte Position, nicht direkt in den Durchzug zwischen Tür und Fenster, mit dem Kopfende an eine geschlossene Wand, sodass Sie die Tür im Blick haben (Buchtipp Seite 124).

16. Du sollst Gifte meiden!

Ein Gläschen Bier oder Wein beruhigen, zu viel Alkohol flacht den Tiefschlaf ab, stört den Traumschlaf. Sobald die narkotisierende Wirkung nachlässt, wacht man auf. Wohngifte potenzieren die Effekte. Gesundheitsämter und Umweltinstitute führen Giftchecks durch, manchmal zahlt die Krankenkasse.

17. Du sollst nicht wandeln!

Manche leben in der Tiefschlafphase gefährlich: Somnambulisten stehen auf, verwechseln umherwandelnd die Tür mit dem Fenster. Die nächtlichen Ausflüge in der Wohnwelt werden meist mit der Pubertät abgesagt. Erwachsenen Schlafwandlern kann ein Therapeut den Knoten in der Seele lösen. Bis es so weit ist: Glastüren sichern, Stolpersteine entfernen.

18. Du sollst nicht schnarchen!

50 Dezibel vermindern die Schlaftiefe des Bettpartners, 65 lassen sein Herz schneller schlagen, ihn heftiger atmen. Top-Schnarcher rüsseln so laut wie ein LKW, der über die Autobahn donnert (85 Dezibel). Die Ruhestörer gehören in ärztliche Behandlung – viele leiden unter nächtlichem Atemstillstand (Apnoe). Folgen: Einnicken tagsüber, Depressionen, Bluthochdruck.

19. Du sollst nicht unter Strom stehen!

Elektromagnetischer Wellensalat kann Empfindsamen den Schlaf rauben. Manch einer schläft besser, wenn er von der Federkernmatratze auf Latex wechselt, das Kopfende gen Norden bettet, Elektrogeräte aus dem Zimmer verbannt. Auch Vollmond setzt übrigens manche Menschen »unter Strom«, lässt sie in aufgekratzter Stimmung nicht schlafen.

20. Du sollst Experten zu Rate ziehen!

Nur 17 Prozent aller unter Schlafstörungen Leidenden suchen einen Arzt auf. Die Übrigen riskieren chronische Erkrankungen. Und Sie können Ihr Schlafzimmer durch Wohngiftexperten, Feng-Shui-Berater oder Rutengänger auf Störquellen testen lassen.

120 Sekunden braucht das Herz, um 10 Liter Blut durch den Kreislauf des Menschen zu pumpen

Letzter Schritt:

Leben Sie im Fluss der Zeit

Die wahre Kunst des Rumhängens: Faultiere leben im Fluss der Zeit, nicht gegen sie. Was denkt ein Zeitmanager, wenn er im Süden, am Mittelmeer, auf der schönen Insel Mallorca in der Hängematte liegt – und nichts tut? Eine kleine Reportage:

Er denkt erst einmal – nichts. Er fließt mit der Zeit. Müßiggang ist etwas anderes, als die körperlich-geistige Erschöpfung zu kurieren. Müßiggang ist Erlebniszeit. Das Erleben der Zeit, am Rande des Bewusstseins. Der Augenblick dominiert. Erfüllte Zeit. Ein Hauch von Ewigkeit. Blinzeln. Die Zeichen, die die Abendsonne in den Himmel malt, hereinlassen.

Die Hühner suchen sich gackernd ihre Schlafplätze auf den Bäumen. Die weißen Blüten des Galans der Nacht schicken ihre ersten Aromen in die Dämmerung.

Ein Satz von John Lennon dringt in die innere Ruhe: »Life is what happens while we are making plans.« Leben ist das, was passiert, während wir Pläne machen. Pläne gehören nicht in eine Hängematte, nicht in die Mußestunde. Nicht ins Leben im Hier und Jetzt. Ein paradiesischer Zustand, eine Zeit, in der Ziele und Termine und Dringlichkeiten keine Rolle spielen. In der man sich selbst genügt. Und damit auch anderen gerecht wird.

Thaddäus Troll hat in seinem Essay »Die Faulheit ist der Humus des Geistes« geschrieben: »Der Faule ist von Natur fleißig, überwindet aber den Fleiß, weil er damit nur Unruhe schafft und das Behagen stört. Beispiel: Ameisen sind faul und unsympathisch, Murmeltiere faul und sympathisch.« Und ich finde auch Faultiere äußerst sympathisch. Auch menschliche. Bin zu faul, mir ein Kissen zu holen. Gott sei Dank steht das Weinglas griffbereit.

Die Fleißigen mögen behaupten, es sei politisch korrekt, auf Faulheit zu verzichten. Stimmt nicht. Sie verzichten ja nur auf etwas, das sie verachten. Und das ist kein besonders moralisches Verdienst. Wenn ich nun aber aus der Hängematte aufstehe und wieder in die Tastatur hacke, ist das eine bewundernswerte moralische Aktion – oder? Soll ich wirklich? Ist es dieses mir gerade einfallende Schlusswort wert? Ein Zitat aus Friedrich von Schlegels »Lucinde«: »O Müßiggang, Müßiggang, du bist die Lebenslust der Unschuld und der Begeisterung; dich atmen die Seligen, und selig ist, wer dich hat und hegt, du heiliges Kleinod! Einziges Fragment von Gottähnlichkeit, das uns noch aus dem Paradiese blieb.« Vielleicht doch noch ein wenig Lebensluft atmen, noch ein bisschen dösen.

In diesem Sinne wünsche ich Ihnen eine bequeme Hängematte, an einem traumhaften Ort, einen Hauch Ewigkeit …

Ihr Lothar Seiwert

www.bumerang-prinzip.de

ZUM NACHSCHLAGEN

Zum Nachschlagen

Lottas Lieblings-Websites

Der clevere Faulpelz delegiert ans Internet. Das verschafft ihm mehr Zeit zum Rumhängen. Eine subjektive und daher unvollständige Auswahl:

Nicht lange suchen

- Wissen: *www.wissen.de, www.networds.de* (Weg durchs Computer-Kauderwelsch)
- Fremdwörter: *www.langenscheidt.aol.de/* Lexika: *www.grass-gis.de/bibliotheken/woer-terbuecher.html*
  Sprachen: Englisch: *http://dict.leo.org*
  Französisch, spanisch, italienisch: *www.pons.de*
  Alles was es sonst noch an Sprachen gibt: *www.yourdictionary.com/languages.html*

Geschenke

- Große Geschenkportale – liefern an die Adresse der Wahl, bis 22.00 Uhr, erspart Weg zum Geschäft, einpacken, Weg zur Post: *www.megageschenk.de, www.yousmile.de, www.geschenkboutique.com, www.geschenkekurier.de*
- Ausgefallene Geschenke: *www.desaster.com, www.proidee.de, www.manufactum.de, www.torquato.de*
- Blumen: *www.fleurop.de* (mit Reminder-Service; auch über WAP-Handy: *wap.fleurop.de*), *www.blume2000.de , www.valentins.de, www.flowers.de, www.kordes-rosen.de*
- Weinabo: vier Lieferungen pro Jahr unter *www.weinexpress.de*
- Gutscheine verschiedener Anbieter aus allen Branchen: *www.cadooz.de*

Medikamente

- Internetapotheke, bequem und billiger, aber Vorsicht bei rezeptpflichtigen Arzneien! *www.0800docmorris.com*

Tickets

- Theater, Cabaret, Fußball, Konzerte: *www.getgo.de*

Umzug

- *www.umzug24.de* bietet Umzugsplaner, Checklisten, Umzugskartons …

Dienstleister

- »Agentur ohne Grenzen« vermittelt Babysitter, Gartenhelfer & Co.: *www.aog-online.de*

Shoppen

- *www.shopfinder.de, www.shopping-street.de, www.tchibo.de*
- Babynahrung: *www.hipp.de*
- Bücher: *www.amazon.de, www.bol.de, www.buch.de*
- Drogerieartikel, Lebensmittel, Haushalt, Druckerpatronen etc.: *www.schlecker.com*
- Parfümeriewaren: *www.douglas.de*
- Fitness, Schönheit, Musik, Hobby, Haushaltswaren: *www.tvshop.de*
- Fitnessgeräte: *www.fidolino.com, www.fitnessadresse.de, www.sportco.de*
- Vitaminpräparate: *www.megavitalshop.com, www.med-markt.de, www.medizinshop.de*
- Haushaltswaren und Elektronikartikel: *www.ieq.de*
- Hifi: *www.otto.de*
- Online-Outlet für Designermode, bis 70 Prozent reduziert: *www.dress-for-less.de*
- Schmuck und Uhren: *www.christ.de*

Lebensmittel

- Supermarktangebot: *www.kaisers.de, www.easyeinkauf.de*
- Diät: *www.diaeko.de*
- Kaffee: *www.coffee-nation.de*
- Tee: *www.der-teeladen.de*
- Wein: *www.weinhalle.de, www.ebrosia.com, www.hawesko.de, www.chebello.com* (Weine aus Südtirol)
- Gummibärchen: *www.baeren-treff.de*
- Schoki: *www.leysieffer.de, www.hussel.de*

122 *Tage hielt sich Goethe im Jahre 1810 zur Kur in Böhmen auf*

LOTHAR SEIWERT BEI GU
»Keine Zeit? Gibt's nicht!«

ISBN 3-7742-5561-X
240 Seiten | € 22,90 [D]

ISBN 3-7742-5670-5
96 Seiten | € 12,90 [D]

Das Bumerang-Prinzip: Mehr Zeit fürs Glück

Bringen Sie Ihr Leben in Balance: mit typgerechten Lebens-Management-Strategien und Tipps aus den Bereichen Gesundheit, Psychologie und Ernährung. Extra: Bumerang und »Zeit Guide«.

Das neue 1x1 des Zeitmanagement

Mit den richtigen Arbeitshilfen haben Sie Ihre Zeit schon morgen besser im Griff. Enthält Selbsttests für die Ich-Analyse und kopierfreundliche Arbeitsvorlagen.

Gutgemacht. Gutgelaunt.

ZUM NACHSCHLAGEN

Bücher, die weiterhelfen

Asendorf, Christoph: **Die Batterien der Lebenskraft. Zur Geschichte der Dinge und ihrer Wahrnehmung im 19. Jahrhundert.** Giessen: Anabas, 1984

Axt, Peter/Axt-Gadermann, Michaela: **Vom Glück der Faulheit. Langsame leben länger.** München: Herbig, 2001

Baur, Eva Gesine: **Der Luxus des einfachen Lebens.** München: dtv, 1999

Brooks, David: **Die Bobos. Der Lebensstil der neuen Elite.** München: Econ, 2002

Carlson, Richard/Bailey, J.: **Slowing Down to the Speed of Life.** New York: Harper Collins, 1998

Csikszentmihalyi, Mihaly: **Flow. Das Geheimnis des Glücks.** Stuttgart: Klett-Cotta, 1998

Gelb, J. Michael: **Das Leonardo Prinzip. Die sieben Schritte zum Erfolg.** Köln: vgs verlagsgesellschaft, 1998

Grillparzer, Marion: **Die GLYX-Diät. Abnehmen mit Glücks-Gefühl.** München: Gräfe und Unzer, 2003

Grillparzer, Marion: **Die magische Kohlsuppe. Das Kultbuch.** München: Gräfe u. Unzer, 2001

Hellmann, Alfred: **Disziplin für Faule oder Wie man es trotzdem schafft.** Landsberg: mvg, 2001

Henning, Klaus: **Ethische Aspekte von Wirtschaft und Arbeit.** Stuttgart: Metzler, 1991

Hess, Barbara: **Sabbaticals. Auszeit vom Job – wie Sie erfolgreich gehen und motiviert zurückkommen.** Frankfurt: FAZ-Institut, 2002

Hirschi, Gertraud: **Mudras. Yoga mit dem kleinen Finger.** Freiburg: Bauer, 1998

Hoffmann, Hans Peter: **Der Nichtstuer** (Erzählung). Tübingen: Klöpfer & Meyer, 2002

Hofmann, Inge: **Faulheit ist das halbe Leben. Wer langsam lebt, bleibt lange jung.** München: Mosaik, 2000

Hofmann, Inge: **Lebe faul, lebe länger. Warum sich Müßiggang lohnt.** München: Mosaik, 2002

Hohensee, Thomas: **Das Erfolgsbuch für Faule.** München: Kösel, 2002

Holdau, Felicitas: **Einfach gut drauf.** München: Gräfe und Unzer, 2001

Jackson, Adam: **Die zehn Geheimnisse des Glücks.** München: Knaur, 2002

Johnen, Wilhelm: **Muskelentspannung nach Jacobson.** München: Gräfe und Unzer, 1995

Klitschko, Vitali u. Wladimir: **Unser Fitnessbuch.** München: Gräfe und Unzer: 2002

Koch, Richard: **Das 80/20-Prinzip.** Frankfurt und New York: Campus, 1998

Küstenmacher, Werner Tiki/Seiwert, Lothar: **Simplify Your Life. Einfacher und glücklicher leben.** 10. Aufl. Frankfurt und New York: Campus, 2003

Lafargue, Paul: **Das Recht auf Faulheit.** Hamburg: Europäische Verlagsanstalt, 2001

Levine, Robert: **Eine Landkarte der Zeit. Wie Kulturen mit Zeit umgehen.** München: Piper, 2001

Lütz, Manfred: **LebensLust.** München: Pattloch, 2002

Mann, Otto: **Der Dandy.** Heidelberg: Manutius, 1962

Mühsam, Erich: **Unpolitische Erinnerungen.** Hamburg: Nautilus, 2000

Plattner, Ilse E.: **Sei faul und guter Dinge.** München: Knaur, 2000

Rechtschaffen, Stephan: **Zeit zum Leben – den Augenblick genießen.** München: Goldmann, 2001

Ritkens, Rients: **Der Zen-Manager.** München: Hugendubel, 2001

Russell, Bertrand: **Lob des Müßiggangs.** München: dtv, 2002

Schultz, Uwe (Hrsg.): **Speisen, Schlemmen, Fasten.** Frankfurt: Insel, 1993

Seiwert, Lothar: **Das Bumerang-Prinzip: Mehr Zeit fürs Glück.** 3. Aufl. München: Gräfe und Unzer, 2003 (www.bumerang-prinzip.de)

Seiwert, Lothar: **Das neue 1x1 des Zeitmanagement. Zeit im Griff, Ziele in Balance.** 25. Aufl. München: Gräfe und Unzer, 2003

Seiwert, Lothar: **Life-Leadership. Sinnvolles Selbstmanagement für ein Leben in Balance.** Frankfurt und New York: Campus, 2001

Seiwert, Lothar: **Mehr Zeit für das Wesentliche.** 20. Aufl. München: Redline Wirtschaft, 2002

Seiwert, Lothar: **Wenn du es eilig hast, gehe langsam. Das neue Zeitmanagement in einer beschleunigten Welt.** 8. Aufl. Frankfurt und New York: Campus, 2003

Selye, Hans: **The Stress of Life.** New York: McGraw-Hill, 1978

Strunz, Ulrich: **Forever young. Das Erfolgsprogramm.** München: Gräfe und Unzer, 1999

Veblen, Thorstein: **Theorie der feinen Leute.** Frankfurt am Main: Fischer, 1993

Wilson, Paul: **Zur Ruhe kommen.** Hamburg: Rowohlt, 1998

Wolf, Jürgen: **Vom Sinn der Arbeit.** Göttingen: Vandenhoeck & Ruprecht, 1989

Zulley, Jürgen / Knab, Barbara: **Unsere Innere Uhr.** Freiburg: Herder, 2000

Internet-Dienste

Hier finden Sie aktuelle Infos rund um die vier Lebensbereiche:

www.wissenschaft.de, www.zeit-zu-leben.de, www.simplify.de, www.smartworking.de

»Seiwert-Tipp«

1 Minute lesen – 1 Stunde Zeit fürs Glück. Kurzer, knapper e-Newsletter mit praktisch umsetzbarem Sofortnutzen (kostenlos, erscheint wöchentlich). Zu abonnieren unter: *www.bumerang-prinzip.de www.seiwert.de*

Sachregister

Abendessen 33
Adrenalin 86
Ai 22
Alexander der Große 65
ALPEN-Methode 47
Ameisen 16, 20, 27
Angst 11, 17, 95
Antioxidanzien 32, 114
Arbeit 11, 21, 53 ff., 60, 89
–, Auszeit 47, 102 ff.
– optimieren 43 ff., 61, 90 ff., 101 f.
Arbeitssucht 17 f.
Arbeitstagebuch 45
Arbeitstier 16
Augenblick genießen 108 f.
Aussteiger 64 f.
Auszeit im Job 47, 102 ff.
Ayurveda 72

Balance, Lebens- 9, 68 f.
Ballast abwerfen 65 ff.
Be-Sinnung 57, 84, 89, 98
Besitzgier 65 f.
Betriebsamkeit, organisierte 11

Bewegung 34 f., 41
Beziehungen 21, 57, 58, 71, 82
Biorhythmus 36
Bücher lesen 110
Bumerang 9, 25
Burn-out-Syndrom 11
Butler 78

Chaos 76
Chronos 86

Delegieren 47, 78
Dinner-Canceling 33
DIN-Prinzip 46
Diogenes 64 f.
Dreifingerfaultier 22
Dringlichkeit 45

Eile 86 f.
Einfachheit, Sehnsucht nach 65
Energie, Lebens- 30 ff.
Energiespar-Programm 48 f.
Energiespar-Regeln 46
Ent-lasten/ent-sorgen 64 ff., 82 f.

Entspannen, Muskeln 73 f.
Ereigniszeit 86
Erfolg 43 ff., 61, 67, 90
Ernährung 32 f., 88
Eule 36, 118

Fasten 33, 72
Faule Tage 99 f.
Faulheit 4 f., 9, 11 ff.
Faultier 4, 8 ff., 22 ff.
Flaneur 98
Fleiß 90
Flow 57, 99
Freiheit, innere 67
Freizeit 11, 53, 89

Gärtnern 98
Gedanken, negative 79 ff.
Gehirn entlasten 40 ff., 75
Gelassenheitsbild, inneres 98
Gespräch, Mitarbeiter- 93
Gesundheit 15
Glück 55
Grenzerfahrungen 111

Garzeit eines Rinderschmorbratens in Minuten: 125

ZUM NACHSCHLAGEN

Hängematte 83
Hektik, 86
Herz(-frequenz) 33, 36
Hetzkrankheit 11
Hobby 53
Hurry-Sickness 11

Indios, Jibaro- 9, 25
Internet, Dienstleister 122

Job → Arbeit
Jonglieren 40

Kairos 85
Kalorien-Konto 30 ff.
Klausur im Kloster 51
Klitschko-Brüder 35
Konferenzschaltung 46
Kreativität 14, 19, 41, 88
Kreis(-läufe) 63
Kyniker 64

Lächeln 99
Lafargue, Paul 17
Lagerfeld, Karl 65
Langeweile 87
Langsamkeit 85, 87 ff., 98
Lebendigkeit 86
Lebensbereiche 20 f., 59, 69
Lebensenergie 30 ff.
Lebenskünstler 29 ff.
Lebensqualität 4, 14
Lebensraum ergreifen 70 f.
Lechner, Odilo 54 f.
Leistungsprinzip 11, 55, 67, 90
Leitstern, innerer 51
Lerche 36, 118
Lernen 41
Lesen 110 f.
Life-Leadership 21
Loslassen 63, 67, 114
Lotta 10, 23

Manager, Rituale für 60
McFerrin, Bobby 5
Meditation 95 ff.
–, Blitz-. 97
–, Minuten- 49, 85
–, Sekunden- 39
Mind-map 42 f.
Minutenfaulheit 4
Mittagsschlaf 38, 116
Mobbing 18
Muskeln 34, 73

Muße → Müßiggang
Muße-Einheiten 4
Mußeland 85
Müßiggang 8, 12, 14 f., 101

Navigationssystem 50 f.
Nein sagen 83
Nichtstun 5, 12 f.
Nische im Job 43 f.

Pareto-Prinzip 61
Pause 38, 44, 105
Perfektionismus 47, 61 f.
Philosophie-Kärtchen 52
Planung, Tages- 47
Polarität 9
Power tanken 46
Power-Nap 38, 116
Prioritäten 45, 67
Problemlösung 79 ff.
Progressive Muskelentspannung
    nach Jacobson 73 f.
Puls 33 ff.

Radikale, freie 32
REM-Phase 117
Rhythmus 36 ff., 55, 58
Rituale 56 ff.
Ruhepuls 33, 48
Rumhängen 100 ff.
Russell, Bertrand 101

Sabbatical-Jahr 85, 105
Schildkröten 18
Schlaf 31, 37, 40, 115 ff.
Schreibtisch entrümpeln 76 f.
Schritte, fünf 29 ff.
Schrumpfkopf 9, 25
Schweigen 55, 62
Seelische Entlastung 79 ff.
Serotonin 85
Siesta 116
Sinn 4, 55
Sinne 89, 98
Sitzen 45
Sleep-Management 115
Slobbies 85, 89 ff.
Slow Food 88
Smart Living 65 ff.
Smart Work 44 ff.
Sorgen 66, 79 ff.
Spickzettel 41
Spielen 108 ff.
Sport 34 f., 89

Stoffwechsel 31 ff., 48
Stress 14 f., 18, 86 f., 91, 95, 98,
    112, 113 f.
–, oxidativer 32

Teilzeit 90, 101 f.
Tempoland 86
Tiere 16, 27, 115
Tierpark Hellabrunn 10, 22
To-do-Liste 44
Trägheit 15, 18
Training, Ausdauer- 34 ff.
Trampolin 41
Träume 53, 117
Trinken 114
Typologie 18 f.

Übergewicht 72
Überstunden 44, 91
Uhr, innere 36 ff., 118
Uhrlaub 93 f.
Unau 22
Urlaub 75
– ohne Stress 106 f.

Vereinfachen 64 ff.
Verpflichtungen 70
Verrücktes tun 111
Vier-Minuten-Nichtstu-Übung 48

Walking, Working by 92
Wasserträger, Geschichte vom 51
Websites 122
Wesentliches 4, 45, 50 ff., 57, 61ff.
Wirkungen 15, 95
Wohnung entrümpeln 82
Wölfe 92
Workaholics 17, 44, 90
Working smart 44 ff., 92

Zaubern 68 f.
Zeit 85 ff., 108, 121
– -druck 91
–, Lebens- 30 ff.
– -lupe, Prinzip 84 ff.
– -pioniere 85
– -probleme 70
– -Zaubertrick 68 f.
Zeitung 68 f.
Ziele 53
Zweifingerfaultier 22

Time-Management und Life-Leadership®

Das neue Zeit- und Lebens-Management in einer beschleunigten Welt.

Wenn nicht jetzt, wann dann?

Mit Prof. Seiwert und seinem Expertenteam können Sie Ihr Wissen über Time-Management und Life-Leadership über die Lektüre dieses Buches hinaus vertiefen. Durch persönliches Training und effizientes Coaching lernen Sie ganz konzentriert, wie Sie mehr Zeit für das Wesentliche finden. Wir informieren Sie gerne. Sprechen Sie unverbindlich mit uns, und lassen Sie sich kostenlose Informationen schicken über:

- Motivations-Vorträge im Dialog mit Prof. Seiwert in Ihrem Unternehmen oder auf Ihren Tagungen
- Firmeninterne Time-Management- und Life-Leadership-Seminare
- Öffentliche Seminare mit Prof. Seiwert – Ihr Kompaktwissen für die Umsetzung in der täglichen Praxis
- Work-Life-Balance, Coaching
- Zeitmanagement-Bücher, -Audio, -Video, -Software, -Tests, u. a. Time Mastery

Wenn nicht so, wie denn?

Nutzen Sie die Zeit! Kopieren Sie einfach diese Seite, und faxen oder schicken Sie uns Ihre Wünsche. Oder rufen Sie uns an.

Name	Vorname
Firma	Abteilung
Straße/ Postfach	PLZ/ Ort
Telefon	Fax
e-mail	Homepage

TIME-MANAGEMENT UND LIFE-LEADERSHIP

SEIWERT-INSTITUT GMBH
Adolf-Rausch-Str. 7 • D-69124 Heidelberg
Fon: 0 62 21/78 77-0 • Fax: 0 62 21/78 77 22
E-Mail: info@seiwert.de • Internet: www.seiwert.de

ZUM NACHSCHLAGEN

Impressum

© 2003 Gräfe und Unzer Verlag GmbH, München
Alle Rechte vorbehalten. Nachdruck, auch auszugsweise, sowie Verbreitung durch Bild, Funk, Fernsehen und Internet, durch fotomechanische Wiedergabe, Tonträger und Datenverarbeitungssysteme jeder Art nur mit schriftlicher Genehmigung des Verlags.

Redaktion: Reinhard Brendli
Lektorat & Satz: Felicitas Holdau
Umschlag- und Innenlayout: Claudia Fillmann, independent Medien-Design
Herstellung: Markus Plötz
Lithos: W & Co., München
Druck: Appl, Wemding

ISBN 3-7742-5562-8

Auflage 5. 4. 3. 2. 1.
Jahr 2007 06 05 04 03

Umwelthinweis:
Dieses Buch wurde auf chlorfrei gebleichtem Papier gedruckt. Um Rohstoffe zu sparen, haben wir auf Folienverpackung verzichtet.

Ein Unternehmen der
GANSKE VERLAGSGRUPPE

Fotos und Illustrationen:
Corbis: S. 109; DIZ: S. 55; Gaby Gerster: vordere Umschlagseite, S. 5, hintere Umschlagseite unten; Paul Widrig: S. 104; IFA: S. 8, 15, 25, 30, 50, 53, 68, 77, 89, 110, 112, 117; Imagine: S. 58, 64, 103, 115; Manfred Jahreiß: S. 47, 93; Werner Küstenmacher: S. 16; Mauritius: S. 3, 13, 19, 26, 28, 38, 71, 100; Okapia: S. 9 (und weitere Verwendungen), 10, hintere Umschlagseite oben links; Premium: S. 2, 6, 37, 67, 80, 84, 90, 96, hintere Umschlagseite oben rechts; Christophe Schneider: S. 73, 74; Detlef Seidensticker: S. 20, 42, Christine Strub: S. 35; Zefa: hintere Umschlagseite oben Mitte

Dank

Mein ganz besonderer, sehr herzlicher Dank gilt Marion Grillparzer, ohne deren kompetente, engagierte Unterstützung und kreative Inspiration dieses Buch so nie entstanden wäre.
Weiterhin wurde ich hilfreich unterstützt von Wolf Grillparzer und dem Psychologen Frank Naumann sowie der tatkräftigen Recherche von Kathrin Burger.
Herzlichen Dank auch an Felicitas Holdau, die das Buch mit großem Engagement so umsichtig redigiert und so schön gestaltet hat.
Last, but not least danke ich meiner Agentin Lianne Kolf für ihren unermüdlichen Einsatz.

Das Original mit Garantie

IHRE MEINUNG IST UNS WICHTIG. Deshalb möchten wir Ihre Kritik, gern aber auch Ihr Lob erfahren, um als führender Ratgeberverlag für Sie noch besser zu werden. Darum: Schreiben Sie uns! Wir freuen uns auf Ihre Post und wünschen Ihnen viel Spaß mit Ihrem GU-Ratgeber.

UNSERE GARANTIE: Sollte ein GU-Ratgeber einmal einen Fehler enthalten, schicken Sie uns bitte das Buch mit einem kleinen Hinweis und der Quittung innerhalb von sechs Monaten nach dem Kauf zurück. Wir tauschen Ihnen den GU-Ratgeber gegen einen anderen zum gleichen oder ähnlichen Thema um.

Ihr Gräfe und Unzer Verlag
Redaktion Gesundheit
Postfach 86 03 25
81630 München
Fax: 089/41981-113
e-mail: leserservice@graefe-und-unzer.de

Wichtiger Hinweis

Die Methoden und Anregungen in diesem Buch stellen die Meinung beziehungsweise Erfahrung des Verfassers dar. Sie wurden nach bestem Wissen erstellt und sorgfältig geprüft. Doch nur Sie selbst können entscheiden, ob die Vorschläge für Sie passend und hilfreich sind. Weder der Autor noch der Verlag können für eventuelle Nachteile oder Schäden, die aus den im Buch gegebenen praktischen Hinweisen resultieren, eine Haftung übernehmen.